I0820638

EL NIÑO DEL BOSQUE

MAXWELL SMART

EL NIÑO DEL BOSQUE

Una historia real de supervivencia durante la Segunda Guerra Mundial

Traducción de Estela Peña Molatore

Papel certificado por el Forest Stewardship Council®

Título original: *The Boy in the Woods*

Primera edición: julio de 2025

Printed in Spain – Impreso en España

ISBN: 978-84-03-52548-1
Depósito legal: B-8.834-2025

Impreso en Black Print CPI Ibérica
Sant Andreu de la Barca (Barcelona)

AG25481

ÍNDICE

Cuarta parte

Acerca del glosario

Las siguientes memorias contienen una serie de términos, conceptos y referencias históricas que pueden resultar desconocidos para el lector. En el glosario que comienza en la página 205 encontrará información sobre las principales organizaciones, acontecimientos y personajes históricos significativos, así como lugares geográficos, términos religiosos y culturales, y palabras y expresiones en idiomas extranjeros que le ayudarán a contextualizar los acontecimientos descritos en el texto.

ACOTACIONES
Fronteras 1921-1938
Fronteras 1939-1944
N
0
100
200km
BERLÍN
ALEMANIA
VARSOVIA
(WARSAW)
POLONIA
PRAGA
CHECOSLOVAQUIA
Strypa
Dniestr
Búchach
Linz
VIENA
AUSTRIA
Chernivetsi
(Czerniowce)
BUDAPEST
HUNGRÍA
ITALIA
Údine
RUMANIA
YUGOSLAVIA
BUCAREST
© 2018 - The Azrieli Foundation

Este libro está dedicado a la memoria de mis padres, Faigie y Lieb Fromm, de mi hermana, Zonia, y de los sesenta y dos miembros de mi familia extendida que perecieron en el Holocausto.

A mi amada difunta esposa, Helen Safran Smart.

A mi querida mujer, Tina Russo Smart, sin cuyo aliento y paciencia este libro no habría sido posible.

A mis hijos, Faigie, Lorne y Anthony.

A mis nietos, Tara, Jay, Brandon y Adam.

Me gustaría hacer una dedicatoria especial a un pobre granjero polaco llamado Jasko Rudnicki. Arriesgó su vida, la de su mujer, Kasia, y la de sus dos hijos, al compartir conmigo lo poco que tenía. Me salvó la vida cuando me escondía de los nazis y sus colaboradores ucranianos durante el Holocausto.

Gracias, Jasko y Kasia, por darme la vida.

Una dedicatoria especial en memoria de mi mejor amigo, Janek, sin el cual nunca habría sobrevivido en el bosque.

Agradecimientos

Nunca pensé que la historia de mi vida llegaría a una página impresa. Debo agradecérselo a muchas personas. Este libro ha sido escrito en gran parte gracias a mi mujer, Tina, y a mi hijo Anthony. Tina empezó a interrogarme sobre mi pasado y me sentí cómodo hablando abiertamente con ella. Me dijo que no debía avergonzarme de mi sufrimiento y me instó a escribir mi historia, a registrar todo lo que pudiera recordar y a contárselo a mis hijos y nietos, porque no tenían ni idea de cómo había sobrevivido. Sin esta historia, no sabrían quién soy ni de dónde vengo. Tina creía que un proyecto así resolvería tantos sentimientos conflictivos que tengo por ser un niño superviviente del Holocausto.

Recurrí a un amigo mío, Joe King, para que me ayudara a investigar los detalles históricos de este libro. Joe, Tina, Anthony y yo nos reunimos y pasamos la mayor parte de los fines de semana durante dos años escribiendo este libro. Fue un viaje largo, tedioso, estresante y deprimente, y me trajo muchos recuerdos dolorosos. A menudo, después de una sesión, me quedaba de mal humor durante días. Con la ayuda de Anthony, Joe y Tina, siento que he conseguido algo importante: he escrito mi libro.

Deseo expresar mi profundo agradecimiento a mi amada mujer, Tina, que me ha animado y ayudado a escribir este libro.

De forma especial quiero agradecer los valiosos servicios prestados por Anthony Katsoudas en la preparación del manuscrito.

Trabajó intensa e incansablemente, me impulsó a contar mi historia y luego transcribió con tesón trescientas páginas de notas. Estas páginas no existirían sin el esfuerzo erudito de Anthony, que estaba decidido a que mi historia viera la luz.

Un agradecimiento especial a mi hija Faigie, que pasó horas y horas editando mi historia. También doy las gracias a mi hijo Lorne por sus ánimos.

También quiero dar las gracias al difunto Joe King, cuya experiencia en el periodismo de investigación hizo posible este libro. Era historiador y autor de otros cuatro libros. Las numerosas reuniones y debates que mantuvimos en mi casa todos los domingos durante dos años fueron esenciales para reconstruir mi historia. También me ayudó Heather Solomon-Bowden, galardonada periodista de arte y editora. También agradezco a Susan Cushway todos sus años de trabajo y su ayuda para mecanografiar mis memorias; estamos orgullosos de llamarla nuestra familia adoptiva.

Agradezco enormemente la ayuda prestada por Janice Rosen y Helene Valle del Archivo Nacional del Congreso Judío Canadiense, a Carrie-Ann Smith, de los Archivos del Muelle 21 de Halifax, los Archivos Públicos de Canadá y la Biblioteca Nacional de Quebec.

Por último, agradezco la información obtenida de las siguientes publicaciones:

Trudy Duivenvoorden Mitic y J.P. LeBlanc, *Pier 21: The Gateway that Changed Canada* (Lancelot Press, 1988); Ben Lappin, *The Redeemed Children: The Story of the Rescue of War Orphans by the Jewish Community of Canada* (University of Toronto Press, 1963); Fraidie Martz, *Open Your Hearts: The Story of the Jewish War Orphans in Canada* (Véhicule Press, 1996).

Prólogo

Esta es una historia de valor y supervivencia. Millones de personas perecieron en el Holocausto, a menudo impotentes para salvarse ante la increíble brutalidad de los nazis y sus numerosos colaboradores. Aquí tenemos las memorias de un niño que está a punto de ser obligado a subir a un camión, camino de su ejecución. La madre le grita a su hijo: «¡Sálvate!», y él, valientemente, desafía las probabilidades y sobrevive.

Esta dramática historia se desarrolla en una pequeña ciudad de Polonia, Búchach, que ahora forma parte de Ucrania, donde miles de colaboracionistas se volvieron contra sus vecinos judíos, matándolos y saqueando todo lo que podían. Cuando la guerra llegó a su sangriento final, solo sobrevivió un centenar de los cerca de ocho mil judíos de la ciudad. Maxwell Smart fue uno de ellos.

En harapos y hambriento, en repetidas ocasiones escapó de milagro a la muerte a manos de los nazis y los ucranianos. Maxwell, aunque a la sazón era solo un niño, muestra una notable mezcla de valentía, compasión y madurez.

Huérfano, llega a Canadá, un país que, antes y durante la guerra, había dado la espalda a los judíos en peligro que buscaban refugio. Los países lo bastante sabios como para acoger a los refugiados se enriquecieron con las extraordinarias contribuciones de los recién llegados. Canadá se situó en el último peldaño de la escala en lo que se refiere a salvar a este pueblo en peligro. Solo después de que se revelara el verdadero horror del Holocausto, los dirigentes canadienses (y no todos) liberalizaron sus políticas de inmigración.

Miles de supervivientes que viven en Montreal nunca han contado sus historias. Las voces de Maxwell Smart y de otros deben ser escuchadas, ya que todavía nos encontramos con personas que restan importancia o incluso desestiman el mayor y más documentado asesinato masivo de la historia de la humanidad. Por desgracia, no hay palabras para transmitir todo el horror del Holocausto. Solo las experiencias individuales de personas como Maxwell Smart, recordadas con hondo dolor, comienzan a describir los monumentales crímenes del Partido Nazi y sus colaboradores.

Y de la brutalidad de la guerra ha surgido un célebre artista que ofrece al mundo, en agudo contraste, bellas imágenes. Maxwell Smart se describe a sí mismo como un expresionista abstracto; es decir, pertenece a una escuela de artistas nacidos tras la Segunda Guerra Mundial. Sin embargo, los cuadros de Maxwell están marcados por una diferencia de estilo y contenido: sus pinturas están enriquecidas por su pasado. En muchos sentidos, son creaciones subconscientes que ahondan en recuerdos ocultos de huida, miedo y fantasía. Uno no puede seguir siendo el mismo después de vivir en peligro constante durante años, alejado prácticamente de todo contacto humano y buscando distraer un hambre corrosiva. Estos son los elementos que hacen que los lienzos de Maxwell sean dinámicos y diferentes. Los bosques en los que se escondía, los planetas y las estrellas que lo distraían de su interminable existencia en peligro, e incluso los momentos de serenidad, se reflejan en su obra.

Además, pinta piezas enormes. No es el trabajo de alguien que busca producir una obra fácil e indolora. Muchos cuadros son tan grandes que solo son aptos para una galería, una institución o una mansión. Los cuadros de Maxwell Smart se exhiben en varias galerías y colecciones. En 2006, con motivo de la inauguración de la galería que lleva su nombre, cientos de personas acudieron a rendirle homenaje y a comprar sus obras.

La columnista de arte Heather Solomon, que escribe sobre artistas de Montreal desde hace más de veinte años, etiquetó a Maxwell Smart como «la joya de la escena artística de Montreal». Yo estaba presente cuando Solomon conoció la obra de Maxwell en su galería de St. Laurent, Quebec. Entró en la galería y de inmediato se sintió atraída a examinar de cerca una pintura de estrellas. Así describió Heather el momento: «A través de una puerta, el techo se eleva hasta cinco metros y los ojos se abren de par en par con el torrente de color y energía que emana de pinturas a gran escala que prácticamente cantan con vida».[1]

Entre los que rindieron homenaje a Maxwell en la inauguración de su galería se encontraba el consumado artista canadiense Sydney Berne, quien quedó impresionado por lo que denominó el «optimismo inquebrantable» de Max, y declaró: «Tras haber vivido la miseria de una infancia en la oscuridad, mientras se escondía de los nazis, ahora se deleita en la luz con su exuberante voluntad de vivir y pintar».[2]

Para el niño de siete años que hace siete décadas se emocionó con las alentadoras palabras de su profesora sobre su arte, en otro mundo, la vida ha cerrado el círculo, y ha aprendido con alegría la verdad de la afirmación de Franz Kafka de que «quien conserva la capacidad de ver la belleza nunca envejece».

JOE KING (1923-2013)
Montreal, Quebec

[1] Heather Solomon, «Second career flowers for Maxwell Smart», Canadian Jewish News, 14 de septiembre de 2006.

[2] Naomi Gold, «Into the Light ... the Art of (Being) Maxwell Smart», www.jewish directories.com, 2006.

Prefacio del autor

Pueden pensar que fui uno de los afortunados: un joven judío que vivía en Polonia durante la Segunda Guerra Mundial y que nunca conoció las entrañas de un campo de concentración. Pero mis recuerdos de aquellos interminables días y noches, en los que desde los doce años me vi completamente solo, me traen a la memoria el pánico y el miedo incontrolables de ser descubierto en mi escondite, el hambre de mi cuerpo famélico y el miedo absoluto a que todo el mundo fuera mi enemigo. El intenso y doloroso frío de los meses de invierno forma parte de mis días y noches, incluso ahora, más de siete décadas después.

Durante gran parte de los últimos setenta años, he intentado bloquear la aterradora pesadilla que nos marcó psicológica y físicamente a mi familia y a mí durante la Segunda Guerra Mundial y la ocupación alemana de Polonia. Como es comprensible, no quería revivir el pasado, así que intenté borrar este trágico periodo de mi vida y fingir que nunca había sucedido. Con mucha determinación, conseguí crear una nueva vida en Montreal y ocultar mi doloroso pasado. En esencia, mi nueva vida empezó cuando llegué a Canadá, o al menos traté de convencerme de que así era. No quería recordar aquellos horribles años del Holocausto, y cuando por un momento un recuerdo se entrometía en el presente, me deprimía durante días. Me enfadaba, me angustiaba y me preguntaba: “¿Es normal? ¿Soy normal?».

Muchos miembros de la comunidad judía de Montreal no hablaron de los horrores del Holocausto, ni siquiera los reconocieron a cabalidad después de la guerra, y muchos judíos canadienses no estaban interesados en el tema. Parecía que se sentían desvinculados de él, y parecían más preocupados por el hecho de que los recién llegados les quitaran sus puestos de trabajo. Cuando llegué por primera vez a Canadá, mucha gente me preguntaba de dónde era, y me hacían preguntas sobre mi ciudad, pero nunca me preguntaban por mis padres o mi familia ni por lo que había vivido o cómo había sobrevivido a aquella monstruosidad inconcebible. Parecían desinteresados de la barbarie que experimentó un niño de doce años, un huérfano sin hogar que sobrevivió a la guerra robando y mendigando comida, que arriesgó su vida cada día en una búsqueda desesperada de algo que comer, que fácilmente podría haber sido fusilado por el simple hecho de hurgar por un poco de alimento, solo porque era judío.

En mi caso, tuve la gran suerte de contar con la ayuda de Jasko Rudnicki, un campesino polaco muy pobre con un corazón de oro. Durante el largo periodo en el que repasé meticulosamente los dolorosos recuerdos de mi azarosa existencia, me di cuenta de que Jasko me había salvado la vida en repetidas ocasiones. Mis tíos habían llegado a un acuerdo con él para proporcionarle dinero de forma periódica, una pequeña cantidad necesaria para que el granjero, que vivía una existencia marginal, me asistiera. Cuando los fondos dejaron de llegar tras el segundo pago, él siguió ayudándome durante un par de años.

En mayo de 2008, durante una visita al Centro Yad Vashem para la Memoria del Holocausto en Jerusalén, presenté una propuesta formal recomendando que Jasko Rudnicki fuera honrado con el título de «Justo entre las Naciones». A pesar de la amenaza de los alemanes de matar a cualquiera que ayudara a los judíos, hay más de veinte mil no judíos que han sido designados «Justos entre las Naciones» por el Yad Vashem. Es posible que esta cifra represente solo una fracción de quienes lo arriesgaron todo para ayudar a sus vecinos. El proceso de verificación de las contribuciones realizadas en nombre de un nominado requiere al menos dos testigos presenciales y, en muchos casos, no sobrevivió nadie para verificar lo sucedido. Aunque sobreviví a gran parte de la guerra gracias a la generosidad y compasión de Jasko, por desgracia no tenía documentos que probaran cómo me había ayudado, y no tenía forma de encontrar a ninguno de sus descendientes que pudiera confirmar la historia. Aún espero encontrarlos algún día y reconocer formalmente la abnegación de Jasko y Kasia. Sé, sin lugar a dudas, que nunca habría podido sobrevivir de no ser por sus cuidados.

Un judío canadiense que vivía en paz, con una familia, un hogar e hijos, y que nunca pasó hambre, nunca podrá entender del todo cómo sobreviví. Hoy, a los ochenta y cinco años, mientras escribo este libro y analizo los muchos encuentros que tuve con la muerte, sigo intentando comprender cómo sobreviví a tantas dificultades, dolor y brutalidad. ¿Hubo alguna razón por la que fui elegido para sobrevivir?

A lo largo de mis años de clandestinidad, pude haber sido capturado y asesinado en cualquier momento. La gran mayoría de los judíos que se encontraron en una de las muchas situaciones en las que yo estuve, no sobrevivieron. Por eso creo que me salvé de la muerte de milagro. No hay forma lógica o racional de describir de otro modo mi supervivencia. Al leer este libro, se darán cuenta de que a veces los milagros ocurren, porque me ocurrieron a mí.

Después de todo esto, hice mi vida en Canadá, e incluso cuando me casé, nunca hablé de mi pasado. Pero la vida no sigue un plan ni se desarrolla como uno cree que debería. Ocurrieron cosas inesperadas, como la muerte de mi mujer, Helen, mi amor, una hermosa mujer de cincuenta y dos años que enfermó de cáncer y falleció en poco tiempo. De repente, me convertí en un hombre de cincuenta y cinco años, solo. Aquello desencadenó recuerdos de cuando era niño y estaba solo. Empecé a pensar de nuevo en el pasado, que creía haber dejado atrás.

PRIMERA PARTE
LA GUERRA

Los supervivientes del Holocausto nunca podrán desprenderse de la idea de que fueron víctimas inocentes del plan genocida de los nazis que destruyó a sus familias y comunidades, dejándolos desamparados y sumidos en la desesperación. En un asombroso acto de valentía, la mayoría de los supervivientes afrontaron la incertidumbre de su futuro al reconstruir sus vidas fracturadas. Se casaron, criaron a sus hijos, se dedicaron a oficios o profesiones y vivieron una vida lo más normal posible. Esta fue su respuesta a aquellos que se empeñaron en aniquilarlos.

Otro medio para resistir al programa genocida fue romper el silencio sobre su suplicio, dar a conocer al mundo su sufrimiento, exigir que se escuchara su historia a pesar de los intentos de los negacionistas de borrarla de la memoria histórica.

From Victim to Witness:
A Collection of the Abstracts of Holocaust Survivor Memoirs,
MERVIN BUTOVSKY y KURT JONASSOHN, 2005.

Una ciudad judía en Polonia

Mi nombre es Oziac Fromm. Nací el 1 de junio de 1930. También tenía un nombre judío: Shaih Moishe Fromm. Rara vez oí que alguien me llamara por mi nombre judío, aparte de cuando era convocado a la Torá en la Gran Sinagoga los días festivos. Me enorgullecía recitar la oración vistiendo el *tallit*, manto de oración, de mi padre.

Recuerdo que de niño, corría desde mi casa en la ladera de una colina hasta las ruinas cercanas de un castillo antiguo y mágico. La eterna fortaleza se alzaba sobre la ciudad, un recuerdo imperecedero de sus siglos de historia. Mi familia vivía cerca del castillo, en la calle Zamkova. En invierno, mis amigos y yo nos deslizábamos por la ladera de la colina. Era divertido bajar, pero cuando teníamos que volver a subir, la kilométrica pendiente era todo un reto. En verano, jugaba con mis amigos a un juego que llamábamos *kutchka*. Era parecido al béisbol, pero en lugar de un bate, utilizábamos un palo largo y un bloque de madera como pelota. Mis amigos eran judíos y cristianos. Todos nos llevábamos bien y yo era feliz cuando pasaba tiempo con ellos.

La familia de mis padres era bastante numerosa: unas sesenta y dos personas. El apellido de soltera de mi madre era Kissel. Era un apellido muy conocido en Búchach porque se trataba de una familia prominente y caritativa. Pertenecían a muchas organizaciones filantrópicas que ayudaban a los judíos y no judíos de Búchach: a los desafortunados, a los enfermos y a los ancianos.

Incluso después de tantos años, tengo grabados en mi consciencia los recuerdos de mi madre. Era cariñosa y dulce, gentil y amable, hermosa y bastante bajita. Mi madre siempre iba bien vestida, y la recuerdo en muchas ocasiones con un abrigo de piel en invierno. Mi padre llevaba un abrigo forrado con cuello de piel. Eran una pareja elegante y atractiva.

Mi madre no solo era hermosa físicamente, sino también espiritualmente. Adoraba a su marido y a sus hijos; yo tenía una hermana pequeña, Zonia, y siempre nos colmaba de afecto. Recuerdo que me abrazaba y me besaba, aunque me daba vergüenza que lo hiciera delante de mis amigos. Era, por mucho, más cariñosa que mi padre. También se interesaba sobremanera en todo lo que yo hacía. Paciente, se sentaba conmigo y me ayudaba con los deberes. En cambio, mi padre solo me preguntaba por mis notas.

Aparte de mi madre y mi abuela, toda la familia Kissel era alta. Mi madre procedía de una familia numerosa de diez hijos, pero yo tenía dos favoritos: mi tío Zigmund y mi tía Erna. Erna no tenía hijos propios, por lo que yo era casi como un hijo para ella, y en los turbulentos años venideros demostraría esa devoción, convirtiéndose en una madre más para mí. De hecho, contribuyó en gran medida a mi supervivencia durante la guerra.

Los viernes por la noche, antes del *Shabat*, mi madre se vestía muy guapa; de hecho, todos lo hacíamos. Mi madre se había criado en un hogar judío ortodoxo y a menudo se enfadaba porque mi padre era menos observante. Recuerdo que nos decía que se acercaba Shabat, un día muy importante. Los viernes, todos los judíos terminaban de trabajar temprano y la mayoría de las tiendas judías cerraban después de la comida. Mi abuela venía a casa antes del atardecer, llevaba las tradicionales hogazas caseras de pan *challah* o *jalá* y un pan de papa que llamábamos *bubanik*. Mi madre se asomaba a la ventana mientras las primeras sombras de la noche se deslizaban por la colina, esperando a que la mujer del rabino encendiera las primeras velas. Cuando se encendía la primera vela, ella se daba la vuelta y encendía las suyas. Se cubría el cabello con un chal y cantaba las antiguas oraciones del Shabat que las mujeres judías repiten los viernes por la noche desde hace siglos.

Recuerdo vívidamente el Shabat. Me aseaba y me peinaba de raya al lado. Vestía un traje oscuro con una camisa blanca, con mis zapatos negros bien lustrados, listo para acudir a la sinagoga con mi padre. Nuestro comedor, calentado por un horno de cerámica en invierno, se preparaba para el Shabat con una elegante y reluciente vajilla de plata. La mesa del comedor estaba cubierta con un mantel blanco y presidida por un gran candelabro de plata de ley, que aún conservo como único recuerdo de mi infancia.

Mi familia se reunía felizmente para honrar cada semana el Shabat. Los hombres adultos bendecían el vino, un ritual llamado *kidush*; en una bandeja de plata se disponía el dorado pan jalá y de la cocina salían aromas tentadores. Todos los viernes por la noche eran especiales. Mi padre pronunciaba la bendición *HaMotzi* sobre el pan y cada uno recibía un trozo bañado en sal. Todos los viernes, mi madre preparaba fricasé de pollo, sopa de pollo y *kugel* de papa. Mi padre siempre elogiaba la cocina de mi madre, ya que era una cocinera consumada. Partíamos un trozo de bubanik y lo mojábamos en la salsa del fricasé de pollo. Era un festín. Me encantaba. Como ya he dicho, mi madre era una de diez hermanos. No recuerdo a todos sus hermanos, solo a los que tuve más cerca. Zigmund Kissel, uno de ellos, era artista y fomentó mi interés por el arte. Siempre me gustaba estar a su lado cuando dibujaba viñetas para el periódico local. Él era mi inspiración y elogiaba mis dibujos. Me dijeron que el tío Zigmund habría convencido a mi familia para que me dieran clases de arte, pero el estallido de la guerra aplastó ese sueño.

Mi tía Erna y su segundo marido, Jacob, también fueron muy importantes para mí. Erna era contadora de profesión y trabajó para una gran empresa azucarera hasta que se casó. Poco después de la boda, su primer marido se marchó a Estados Unidos para empezar una nueva vida. En los años 30 era muy común que los hombres de cierta edad y de una buena situación económica se marcharan a América para evitar ir al ejército. El marido de Erna desapareció literalmente y nadie volvió a saber de él. Nunca supimos si había muerto o si tan solo había conocido a otra persona e iniciado una nueva relación. En cualquier caso, mi tía Erna se quedó sola, sin marido.

Cuando, años más tarde, conoció a Jacob, un chico del pueblo, no pudieron casarse porque, según la ley judía, una mujer casada no se puede volver a casar a menos que reciba el divorcio judío. El primer marido de mi tía era hijo de un rabino, y Erna y Jacob se encontraron con que nadie quería casarlos. Así que pasaron unos veinte años esperando que su situación se resolviera por sí sola. Era muy difícil en un pueblo pequeño donde todos se conocían, y el rabino, líder de la comunidad judía, no estaba dispuesto a casar a una mujer sin el divorcio o el certificado de defunción de su marido. Mi abuelo, aunque era judío ortodoxo, intentó ayudarlos. Recuerdo que cuando fue a la sinagoga por la *jupá*, el dosel bajo el que se celebran las bodas judías, se negaron a dársela. Oí a mi madre y a mi padre quejarse de lo difíciles y poco razonables que eran los religiosos de la sinagoga.

Mi abuelo materno era una persona muy destacada en nuestra comunidad. Era un hombre religioso que atendía a los pobres y a los necesitados de Búchach. También era muy ingenioso, y un día resolvió el problema del matrimonio de Erna y Jacob. Llegó a casa con cuatro palos de escoba, los ató a una manta, hizo una jupá y casó a Erna con Jacob en nuestra casa.

Mi tío Jacob poseía una gran fábrica en el centro de Búchach, donde se elaboraban caramelos y chocolate, y también tenía una tienda en la zona comercial donde vendía sus golosinas. La mayor parte de la gente lo consideraba un hombre rico, y él y Erna alquilaron un apartamento en un edificio nuevo que tenía su propio cuarto de baño y una ducha, lo cual era algo lujoso. Como era lógico, me encantaba visitar al tío Jacob en su fábrica. Siempre olía delicioso, y me permitían comer todo el chocolate y los caramelos que quisiera, ya que había trozos sobrantes y goteos por todas partes. Siempre me daba caramelos para que me los llevara a casa también, y de vez en cuando me pedía que le ayudara a fabricar los dulces. Mi tía y mi tío eran inseparables, pero por desgracia nunca pudieron tener hijos. Recuerdo que mi tía Erna me daba diez groszy semanales, que era una cantidad enorme de dinero en 1938. Ni siquiera mi padre me daba tanto.

Mi padre era de la cercana ciudad de Chortkiv y había conocido a mi madre a través de un casamentero judío, algo habitual en aquella época. Los casamenteros solían organizar encuentros entre las familias de la pareja, y una parte muy importante del proceso de casamiento era la dote. El casamentero siempre abordaba el tema del dinero con los padres de la chica. Cuanto mayor era la dote, más importante era la familia, y podía comprar un marido más prominente. Si una chica era rica, podía casarse con un hombre culto, un empresario, un médico o un profesional. Pero si la familia de la joven era pobre, el posible marido tendría que ser un hombre corriente, del mismo nivel económico que la mujer.

Como dote de boda, mi abuelo materno le regaló a mi padre una tienda de ropa para caballero. Mi padre abría su negocio todas las mañanas y cerraba para volver a casa a tomar la comida principal del día, que se servía a mediodía. Después de una siesta, volvía a abrir la tienda hasta las seis o las siete de la tarde. Le encantaba pasar las tardes en el café jugando a las cartas y discutiendo de política con los amigos. De vez en cuando, mi madre tenía que enviarme allí para recordarle la hora.

Mi padre creía en el amor duro. Rara vez me hablaba, salvo para preguntarme cómo me iba en la escuela, y nunca jugaba conmigo. Sin embargo, sé que me quería. En aquella época, los padres solían ser distantes y exigentes con sus hijos, pues creían que era la manera adecuada de endurecerlos para lo que les esperaba. Tal vez tuviera razón. Tal vez por eso pude encontrar la fuerza para sobrevivir a los años en los que viví en constante peligro.

Mi padre siempre vestía de forma impecable, y seleccionaba cuidadosamente el traje que se ponía cada día para ir a su tienda. Alto, moreno y delgado, era muy guapo. Tenía una colección de fedoras y bastones, que era la marca de un elegante caballero europeo en los años treinta. Por las mañanas se tomaba su tiempo para vestirse y elegir el sombrero y el bastón adecuados. Era un hombre de negocios muy a la moda.

Mi hermana pequeña, Zonia, era cinco años menor que yo. Recuerdo que me dejaban mecerla en la cuna cuando era pequeña, pero la verdad es que no la recuerdo muy bien. Ni siquiera sé su nombre judío y no puedo describirla. Era una niña tranquila y no recuerdo que llorara, ni siquiera en las peores circunstancias. Solo tenía cuatro años cuando empezó la guerra. Por suerte, tenía muy poca idea de lo que ocurría.

Mi abuela materna murió antes de la guerra. Mi abuelo era propietario de una fábrica y de una tienda de ropa para caballero. Era miembro del comité de comerciantes y de la sinagoga más grande de la ciudad. Mi padre me llevaba allí los viernes por la noche y los días festivos. Un hermano de mi padre, cuyo nombre no recuerdo, vivía cerca de Tarnów, donde ejercía como médico, y mi padre viajaba con frecuencia a visitarlo. Estaba a una distancia considerable de Búchach, a unos cuatrocientos kilómetros. Recuerdo que traía trajes de gran calidad y bien confeccionados que su hermano ya no usaba y, sonriendo, decía: «Esto no es lo que vendo en mi tienda». Un sastre de nuestra ciudad solía arreglar los trajes de mi padre, y yo solía heredar sus viejos trajes. El sastre también me los arreglaba para la fiesta de Pascua. Recuerdo que cada Pascua me regalaban un par de zapatos nuevos.

Nuestra familia era más tradicional que religiosa, pero mi padre era bastante erudito en la Torá, y en muchas ocasiones dirigía las oraciones en la Gran Sinagoga, y yo permanecía orgulloso a su lado. La Gran Sinagoga de Búchach estaba considerada como uno de los mayores tesoros de Galicia oriental y occidental. El edificio se construyó en 1728, y esa fecha estaba inscrita, en letras hebreas y en números romanos, cerca de la entrada de las mujeres. El santuario brillaba con enormes candelabros de bronce. Artistas locales habían decorado el Arca de la Alianza, y sobre las puertas estaban los Diez Mandamientos, rematados por una corona de la Torá. Los adornos de la Torá eran de oro y plata. La imponente estructura histórica se construyó a orillas del río.

Por desgracia, la sinagoga compartió el destino de prácticamente todas las instalaciones religiosas judías de la Polonia controlada por los nazis. Su interior fue destruido en su totalidad durante la ocupación, y el edificio estaba tan deteriorado que, después de la guerra, fue demolido.

Mi padre me llevaba a menudo a Chortkiv a visitar a su familia. Sé que tenía una familia numerosa, pero no los conocía a todos. Solo conocía a algunos primos, tíos y tías. Los padres de mi padre fallecieron mucho antes de que yo naciera. Además de su hermano cerca de Tarnów, tenía otros dos hermanos y una hermana que vivían en Chortkiv. Sabía muy poco de uno de sus hermanos, pero al parecer era un hombre importante y educado. El otro hermano vivía en las afueras de la ciudad y tenía una granja lechera. Había dos edificios largos donde se alojaban las vacas, y él y su familia las ordeñaban a mano. En una ocasión, mi padre y su hermano me obligaron a beber de un cubo de leche recién ordeñada. Me dijeron que me haría bien, pero no me gustó. Estaba tibia y ni siquiera sabía a leche.

Iba a una escuela solo para chicos en la calle Kolejowa, a poca distancia de mi casa. Cuando tenía seis o siete años, tuve una experiencia profunda. Cambió mi vida y quizá, de forma indirecta, me ayudó a encontrar la confianza y la determinación necesarias para sobrevivir al mundo caótico en el que estaba a punto de sumergirme. Un día, en clase, una profesora que revisaba el trabajo de los alumnos me elogió. Nos había pedido que dibujáramos un libro, y prácticamente todos los demás compañeros dibujaron un vil rectángulo. Mi trabajo, un dibujo tridimensional que mostraba las esquinas del libro y las páginas del centro, impresionó a la profesora. «Así es como se dibuja un libro», dijo a la clase y les mostró mi dibujo. «Tienes talento», añadió. Fue un momento de orgullo en mis primeros años de vida, y nunca olvidaré ese comentario. Esas palabras de aliento, junto con los elogios que recibí de mi tío Zigmund, encaminaron mi vida por la senda que sigo hoy, con lienzos en los que trabajo, una galería y mis obras en docenas de colecciones.

Y solo tú y yo sabremos
cómo escapé de los embates del destino…

«Espérame»,
Konstantín Símonov, 1941[3]

[3] De una traducción de Babette Deutsch.

Una cortina de miedo

Tenía nueve años cuando comenzó la Segunda Guerra Mundial con la invasión alemana de Polonia occidental en septiembre de 1939. Las sombrías noticias del frente y el miedo a las bombas alemanas provocaron una huida frenética de los refugiados. Los habitantes de la zona veían con impotencia cómo camiones cargados hasta el tope y carros tirados por caballos atravesaban nuestro pueblo junto con gente a pie.

La poderosa maquinaria de guerra nazi aplastó con rapidez al ejército polaco. La población judía del oeste de Polonia fue apresada y esclavizada, y la mayoría fue asesinada en última instancia por los despiadados nazis y sus colaboradores. Sin embargo, al principio nadie pensó que los nazis y sus matones estarían decididos a destruir a toda la población judía de Europa del Este. El nazi Heinrich Himmler, figura destacada en la planificación del Holocausto, calculó que la población judía de Polonia era de 3 547 896 personas. Planeaba matar a todos y cada uno de los hombres, mujeres y niños.

La Alemania nazi y la Unión Soviética habían firmado un pacto secreto, conocido como Pacto Ribbentrop-Mólotov, por el cual, cuando estallara la guerra, los soviéticos se apoderarían de la mitad de Polonia occidental. En virtud de este traicionero acuerdo, mi familia y los demás judíos de Búchach se encontraron gobernados por los soviéticos. Atravesaron la frontera dieciséis días después del ataque alemán desde el oeste e instauraron un gobierno de estilo soviético en su parte de Polonia. Cuando llegó el ejército soviético e inundó las calles de Búchach, empezaron a bailar por las calles, cantaban y tocaban música con sus armónicas y acordeones y se divertían a lo grande. Bailaban con las chicas locales y eran muy amigables.

En pocos días se agotaron todas las mercaderías, sobre todo alcohol y ropa. La escasez de suministros acabó por dejar a mi padre sin negocio. Las tiendas podían vender los productos que tenían en baldas y estanterías, pero no podían pedir nuevas existencias en tiempos de guerra, así que los comercios permanecían vacíos. Mi padre se relacionó bien con los soviéticos, y cuando el gobierno soviético abrió una cooperativa de ropa y calzado, se convirtió en su director y en el gerente de esta división. Las cooperativas no eran exactamente tiendas: tenían el tamaño de un almacén y estaban repletas de todo tipo de mercancías, desde pan y azúcar hasta zapatos y ropa. La gente solo podía conseguir productos utilizando un sistema de tarjetas detalladas. Por ejemplo, una vez al año uno tenía derecho a un par de zapatos y a dos camisas; diariamente, podía recibir media barra de pan; y quizá un trozo de carne a la semana. Como es natural, las filas en las cooperativas eran larguísimas. La gente tenía que levantarse a las 3 de la mañana para hacer cola y recibir su ración de comida del día.

Fueron tiempos muy difíciles para mi familia, pero no experimenté antisemitismo en las escuelas porque los soviéticos no lo permitían. Para los soviéticos, todos éramos iguales, y muchos jóvenes quedaron impresionados con los ideales del comunismo. Mientras estuvimos bajo la ocupación soviética, nos sentimos seguros. Nunca me llamaron «sucio judío», como antes.[4]

Contrariamente a lo que esperaban mi padre y mi madre, los soviéticos eran muy simpáticos, sobre todo con los escolares.

---

[4] Bajo la ocupación soviética, no todos los judíos estaban a salvo. Miles fueron arrestados y deportados a Siberia, al igual que ciudadanos polacos y ucranianos. Véase el capítulo «El poder soviético» en *Anatomy of a Genocide: The Life and Death of a Town Called Buczacz*, de Omer Bartov (Nueva York: Simon & Schuster, 2018), pp.129-157.

La ocupación fue perjudicial para la economía, pero para los niños judíos fue una época maravillosa, mejor que bajo el dominio polaco. Se reabrieron las escuelas y los profesores eran amables y serviciales. Me convertí en el favorito de los maestros por mis dibujos y porque era un buen estudiante. Aprendí a hablar ruso muy rápido.

Todos los niños en la Unión Soviética estaban obligados a ir a la escuela. Disfrutábamos de las clases y practicábamos muchos deportes. No muy lejos de mi escuela, había un edificio con un hermoso jardín con árboles y flores. No sabía quién vivía allí antes de que llegaran los soviéticos, pero recientemente me enteré de que había sido la residencia del obispo. Los soviéticos echaron al obispo y convirtieron el edificio en un orfanato, y los niños huérfanos fueron sacados de las calles de Búchach y de las pequeñas ciudades de los alrededores. El gobierno soviético los vistió con pulcritud y limpieza, y los huérfanos demostraron ser niños modelo y estudiantes aplicados. Me hice amigo de algunos de aquellos chicos, ya que estudiamos juntos durante los dos años que los soviéticos ocuparon Búchach. No sé qué fue de ellos después de que los alemanes ocuparan Búchach. En aquel momento, creí que los rusos se habían llevado a los niños cuando su ejército se retiró, y me alegré por ellos.[5]

A primera hora de la mañana del 22 de junio de 1941, los nazis atacaron a su antiguo aliado: la Unión Soviética. El ataque, llamado Operación Barbarroja, fue la mayor invasión en la historia de la

---

[5] «Hubo muchos judíos que intentaron huir con el Ejército Rojo al interior de Rusia. Pero solo unos pocos lo consiguieron. A los rusos, cuya retirada fue muy precipitada, no les interesaba llevarse consigo a miembros de la población en general. Solo se llevaron a los que habían cumplido funciones oficiales durante la ocupación soviética de la ciudad. La mayoría de los judíos de Búchach que escapaban fueron capturados por los alemanes en el camino». *Book of Buczacz: in Memory of a Martyred Community*, Isaac (Yitskhak) Shikhor, 1956. Traducido por la doctora Rose S. Ages. Véanse los relatos completos de los testigos en https://www.jewishgen.org/yizkor/buchach/buc237.html.

guerra. Por radio, el ministro de propaganda nazi, Joseph Goebbels, anunció una cruzada alemana contra «los impíos bolcheviques», y divisiones panzer y unidades de infantería penetraron en la parte de Polonia controlada por los soviéticos, y eventualmente tomaron Búchach.

Mientras los alemanes avanzaban hacia Búchach, el director de la cooperativa en la que trabajaba mi padre nos ofreció transporte hacia la Unión Soviética. Había poco espacio en el camión, así que solo podíamos llevar dos maletas. Teníamos que decidir de inmediato si nos íbamos o nos quedábamos: el transporte partía a la mañana siguiente. Mi madre creía que debíamos quedarnos; mucha gente de la comunidad no pensaba que fuera a ocurrir nada horrible. Mi madre dijo que los soviéticos habían estado en Búchach durante los dos últimos años y que no había sucedido nada demasiado grave. Nuestra familia había perdido su negocio, pero confiaba en que con el tiempo podríamos abrir otro.

Aún no habíamos oído historias de asesinatos. No supimos nada de campos de concentración, guetos y matanzas de judíos hasta que los alemanes se apoderaron de Búchach. La negativa de mi madre a marcharnos se basaba en que nuestras familias estaban en la zona, al igual que nuestras posesiones y responsabilidades. Decisiones lamentables similares afectarían las vidas de aproximadamente sesenta y dos miembros de mi familia, incluidos los de Chortkiv.

Muchas familias de zonas amenazadas por los nazis tuvieron la misma reacción. La gente dudaba, creía que en realidad había muy poco peligro, y ellos también eran muy reacios a dejar atrás todas sus posesiones. La mayoría de la gente no podía imaginar que les robarían todo lo que poseían, que les harían daño o, lo que era aún más increíble, que los matarían. Por desgracia, eso fue exactamente lo que ocurrió. Por supuesto, cuando por fin se dieron cuenta de la verdad, que todo lo que poseían sería robado y que a la gran mayoría de los judíos les esperaba la muerte, ya era demasiado tarde.

La negativa de mi madre a abandonar su hogar y su familia tuvo un altísimo coste. Su vacilación a la hora de abandonar su vida era natural, pero como no aprovechamos la oportunidad de huir con los rusos en retirada, casi toda su familia, así como la de mi padre, fue asesinada.

Los tanques y camiones rusos se retiraron antes de que los alemanes llegaran a Búchach el 5 de julio de 1941. Antes de la llegada de los alemanes, una milicia ucraniana conocida como Sich empezó a atacar a los judíos y a saquear sus casas y negocios. Su objetivo eran los judíos que supuestamente habían colaborado con las autoridades soviéticas.

Cuando las unidades blindadas alemanas entraron en Búchach, los ucranianos se volcaron para darles la bienvenida, esparciendo flores por las calles de la ciudad y haciendo el saludo nazi. Esta reacción se debió en parte al odio de los ucranianos hacia la Unión Soviética. Creían de forma simplista que los alemanes permitirían que Ucrania se convirtiera en un país independiente; creían que el ejército alemán venía como su libertador.

Para mi familia, y para todos los judíos de nuestra ciudad, se cerró una cortina de miedo sobre nuestro mundo. Yo era solo un niño de once años, pero incluso era consciente de que nuestras vidas habían dado un vuelco. Recuerdo a mi abuelo bajando ansioso las escaleras de nuestro apartamento y a mi padre discutiendo amargamente con mi madre por su insistencia en quedarnos. Mi madre lloraba y todos estábamos asustados. Desde nuestra casa, nos asomábamos con cautela a través de las cortinas, y veíamos por la carretera masas de soldados alemanes con sus tanques panzer y otros vehículos. No podíamos evitar el ruido amenazador de los tanques de cuarenta toneladas que traqueteaban sobre las carreteras para situarse a muy poca distancia de nuestro hogar. La casa temblaba con el ruido sordo de los vehículos militares.

Solo los ucranianos salieron en tropel a las calles. Los judíos y los polacos permanecieron en sus casas, cada vez más conscientes de que la partida de los rusos y la llegada de los alemanes traía consigo un inmenso peligro. Todo el mundo hablaba en susurros. Yo no lo entendía. ¿Por qué hablaban mi padre y mi abuelo en voz baja y con ansiedad sobre lo que estaba ocurriendo?

Por lo que pude oír, hubo informes de brutalidad nazi durante la toma de Polonia occidental. Cuando por fin aparecieron nuestros vecinos, todos intercambiaban en silencio la escasa información real que tenían. Que nosotros supiéramos, en Búchach aún no se había producido ninguna matanza.

Recuerdo a mi ansiosa madre poniéndome un pañuelo alrededor de la cabeza cuando intentaba mirar con cautela por la ventana; fingía que éramos polacos. Solo en una ocasión nos aventuramos a salir. Mi madre me llevó con ella cuando hizo una visita apresurada a su hermana Erna. Por lo demás, habíamos perdido todo contacto con los otros miembros de nuestra familia. En retrospectiva, me doy cuenta de que probablemente mi madre le pedía a mi tía que me cuidara. Mi padre y mi abuelo no se atrevían a salir a la calle.

Estábamos atrapados. Casi toda la comunidad judía, engrosada por refugiados de otras zonas asediadas, estaba ahora controlada por las brutales fuerzas armadas alemanas. La situación cambió para nosotros de inmediato. Un día estábamos en paz gobernados por la Unión Soviética, y al siguiente, matones ucranianos colaboracionistas arrasaban nuestra ciudad, seguidos rápidamente por la Wehrmacht. Incluso para un niño como yo, muy pronto se hizo evidente que estábamos en peligro. A medida que la situación se deterioraba con celeridad, no podía comprender el repentino cambio de mis circunstancias. Todo lo que había aprendido en la vida significaría la diferencia entre sobrevivir o morir.

Pisándoles los talones a los nazis, llegaron los nacionalistas ucranianos. En julio y agosto de 1941, masacraron a más de veinte mil judíos en Ucrania occidental. El odio explosivo de los nacionalistas conmocionó incluso a los nazis. Pocos días después de que los alemanes entraran en nuestra ciudad, se formó un departamento de policía ucraniano. Armados, empezaron a patrullar las calles.

El antisemitismo había florecido en Ucrania durante siglos. Uno de los primeros ejemplos de odio masivo contra los judíos se produjo en el periodo comprendido entre 1648 y 1649, cuando los cosacos, dirigidos por Bohdan Chmielnicki (Khmelnytsky), masacraron entre cuarenta mil y cien mil judíos en una campaña para acabar con el dominio polaco. En el periodo posterior a la Revolución Rusa de 1917, Ucrania, bajo el gobierno de Simon Petliura, asesinó entre treinta y cinco mil y cincuenta mil judíos.

Durante la ocupación nazi, muchos ucranianos (se estima que unos doscientos veinte mil) colaboraron con los alemanes en el maltrato y asesinato de judíos. Los ucranianos hicieron algo más que colaborar: los nazis reclutaron a unos trece mil ucranianos para su propia división de las SS (¡ochenta mil se ofrecieron como voluntarios!). Se trataba de la 14ª División de Granaderos de las SS. La formación de la unidad pronazi contó con el apoyo de la Iglesia greco-católica ucraniana. Al mismo tiempo, los nacionalistas ucranianos formaron unidades de combate. Algunos lucharon contra los alemanes. Algunos lucharon contra los rusos. Algunos querían que Ucrania estuviera habitada solo por ucranianos.

El Ejército Insurgente Ucraniano (UPA) alistó a algunos judíos, sobre todo a profesionales médicos. Al parecer, algunas unidades del UPA albergaban a judíos. Sin embargo, las unidades ucranianas estaban muy divididas y a menudo se enfrentaban entre sí. Stepán Bandera, que dirigía un grupo nacionalista llamado, en su honor, los *Banderowcy*, o sea, los banderistas, tenía como lema: «Viva una gran Ucrania independiente sin judíos, polacos ni alemanes. Los polacos detrás del río San, los alemanes a Berlín y los judíos a la horca».

El alcalde ucraniano de Búchach, Ivan Bobyk, era una persona extraordinaria que hizo todo lo posible por salvar a los judíos. Hijo de un zapatero pobre, mantuvo buenas relaciones con la comunidad judía, e incluso cuando los alemanes capturaron nuestra ciudad, se opuso al establecimiento de un gueto, por lo que las condiciones en esta zona eran mejores que en los distritos circundantes. Como resultado, unos cinco mil judíos se refugiaron en Búchach, con lo que la población judía total se acercó a los trece mil. Muchos de los recién llegados eran ancianos o enfermos, pero los habitantes de Búchach hicieron lo que pudieron para acogerlos.

La tiranía asesina de los alemanes y los ucranianos continuó. El final del verano de 1941 marcó la primera fase de la destrucción de los judíos de Búchach, cuando los nazis, con la entusiasta colaboración de muchos ucranianos, detuvieron a unos 350 intelectuales y jóvenes, entre ellos mi padre, Lieb Fromm. Los alemanes actuaron con rapidez; es probable que hayan identificado a los líderes de la comunidad a partir de la información obtenida de los archivos de la propia comunidad judía. Recuerdo perfectamente que llamaron a nuestra puerta y le ordenaron a mi padre que se reuniera con cientos de hombres judíos en la plaza del pueblo. Respondía a una citación para «registrarse». Un testigo ocular escribió: «Más de 350 hombres, los mejores y más brillantes de la juventud y la intelectualidad trabajadora, se reunieron en la plaza. Pero de repente la plaza fue rodeada por todos lados por unidades de las SS y de la milicia alemana, y se anunció un toque de queda en la ciudad. Nadie podía salir ni entrar».[6]

A los nazis no les interesaba proteger a los profesionales; acorralaron a médicos y abogados, mientras que a los obreros especializados (trabajadores de piedra, metal y carpinteros) los liberaron para usarlos como mano de obra esclava. Más tarde nos enteramos de que al resto de los hombres, entre ellos mi padre, los obligaron a ir a la cercana colina de Fedor. Después de varias horas, se oyeron disparos procedentes de esa dirección. Los hombres fueron enterrados por capas, algunos de ellos aún vivos y gimiendo, en una fosa común que había sido cavada antes de su llegada.

Al mismo tiempo, los alemanes ordenaron a los dirigentes del Consejo Judío que hicieran un llamamiento a los familiares de los hombres y que les dijeran que debían pagar un rescate por su liberación. A mi madre y a otros nos dijeron que todos los hombres estaban bien y a salvo y que estaban trabajando. Nos aseguraron

[6] De «Cómo ocurrió: Primer testimonio», en *Jewish Gen, the Yizkor Book of Buchach*, de Isaac Shikhor. Traducido por la doctora Rose S. Ages, p. 237. https://www.jewishgen.org/yizkor/buchach/buc237.html. Otras fuentes afirman que fueron asesinados entre cuatrocientos y ochocientos hombres.

que pronto sería posible enviar cartas. Mi madre entregó todo el dinero que tenía y también pidió más ayuda económica a sus familiares. Después pagó el rescate. Por desgracia, muchas familias se vieron empobrecidas por esta cruel farsa: mi padre y los demás hombres ya estaban muertos. Todos ellos habían sido brutalmente asesinados. Un miembro de la comunidad judía había descubierto la fosa común fresca mientras paseaba por el Fedor y, horrorizado, informó a las familias judías de la matanza de sus padres e hijos y de la traición de los nazis. El Fedor se conocería desde ese día como la Colina de la Muerte, en lo que se había convertido, un símbolo intemporal de la terrible crueldad en Búchach. Estábamos desolados por la pérdida de mi padre.

Este asesinato en masa tuvo lugar el 27 de agosto de 1941. Hasta la investigación de este libro, desconocía la fecha real de la muerte de mi padre, y en el Templo Emanu-El, de Montreal, había registrado la fecha como Yom Kippur.

El gueto: caleidoscopio de miseria
cambiante y azar movedizo.
Refugio de las penas…

«El Ghetto»,
ALFREDO ORTIZ-VARGAS, 1939

EL PUENTE HACIA LA SEGURIDAD

El puente hacia la seguridad

Durante el otoño de 1941, los miembros de nuestra comunidad, despojados de sus bienes y privados de alimentos y atención médica, fueron reclutados para realizar trabajos forzados. Los alemanes también habían ordenado la creación de un Consejo Judío (*Judenrat*) y de una policía judía. En agosto, los nazis promulgaron una nueva ley que nos obligaba a llevar brazaletes que nos identificaban como judíos.

Los judíos que quedaban en Búchach fueron obligados a trasladarse a una zona designada de la ciudad. Las condiciones de vida en el barrio judío eran difíciles. A nuestra familia solo se le permitió llevar ropa al nuevo y estrecho alojamiento. Se hacinaban de seis a ocho familias en un apartamento de cuatro habitaciones, dos familias por habitación. Los niños pequeños lloraban de hambre sin parar y no se le permitía salir a nadie después del anochecer. A los judíos se les prohibía ir a parques, mercados o incluso pasear por las calles principales.

Mi madre tenía que conseguir comida para ella, sus hijos y su anciano padre. Una vez se acercó tímidamente a una vecina ucraniana a la que conocía desde hacía años, con la esperanza de intercambiar muebles y otras pertenencias por comida. La cruel respuesta de la mujer fue que no tenía derecho a vender nada, que todo lo que poseía le pertenecía al gobierno. Más tarde vino la vecina y le quitó todo lo que quiso.

Los objetos que los judíos habían podido salvar de los ladrones ucranianos y alemanes eran ahora canjeados por artículos de primera necesidad. Además, los alemanes y sus aliados atormentaban, perseguían y humillaban sin cesar a los habitantes del barrio judío: asaltaban apartamentos, agarraban a la gente por la calle, la golpeaban e incluso mataban a algunos.

Ya no podíamos ir a la Gran Sinagoga, el orgullo de la comunidad judía, donde solíamos reunirnos los viernes por la noche. En tiempos de paz, nuestras familias, bien vestidas, caminaban juntas hasta la sinagoga. Yo iba orgulloso de la mano de mi padre, y las calles estaban llenas de gente. Fue una época feliz y segura de mi vida. No solo estaba con mi familia, sino que mis amigos de la escuela hebrea estaban allí con sus familias. Ahora la sinagoga tenía un significado diferente: entrar en ella significaba la ejecución inmediata.

El Consejo Judío asignaba algunos trabajos a los jóvenes, pero por lo general solo se podía conseguir un trabajo si se tenían contactos. Mi primer trabajo en el comité fue hacer brazaletes y, aunque no me pagaban, lo hice para los judíos que no sabían cómo hacer sus propios brazaletes con la estrella de David. Luego gané algo de dinero cosiendo brazaletes para particulares. Todos debían llevar un brazalete que los identificara como judíos. Si no podías hacerte uno, tenías que comprarlo. Yo dibujaba una estrella de David sobre tela y la cosía en los brazaletes de 12 por 24 centímetros que había elaborado, añadiendo las hebillas que quedaban de la fábrica de mi abuelo. Vendía los brazaletes a la policía judía a cambio de comida y favores. Era un chico lleno de recursos. Los funcionarios me dieron trabajo y fui el único sostén de mi familia.

Era muy difícil conseguir comida. Mi tía Erna y mi tío Jacob nos ayudaron a mi familia y a mí y nos proporcionaron algunos víveres. Por suerte, mis tíos no vivían en el barrio judío. Vivían en la fábrica de chocolate de su propiedad. A él le permitieron conservar su fábrica para que pudiera producir y suministrar chocolates y dulces a los alemanes y a la policía ucraniana de alto rango. Con regularidad, los alemanes entregaban a la fábrica azúcar, cacao y madera, y como no había ninguna otra fábrica de chocolate en nuestra ciudad ni en los alrededores, el negocio de mis tíos los mantenía vivos y a salvo por el momento.

Luego me asignaron la tarea de palear trigo y rotarlo constantemente para que no se calentara demasiado y se pudriera. Recuerdo que me ponía ropa interior larga y me ataba los dobladillos a los tobillos para, mientras trabajaba, meterme trigo en la ropa interior y llevármelo a casa. No me disuadía la certeza de que si me descubrían me matarían a golpes o me fusilarían de inmediato. Esa era la pena por robar incluso un puñado de trigo: muerte al judío. Una vez presencié cómo unos agentes golpeaban y torturaban a un compañero judío por robar un trozo de pan. Los agentes se tomaron fotos después, delante del hombre casi muerto que yacía ensangrentado en medio de la calle. Mi madre me apartó rápidamente de aquel horrible espectáculo.

Cuando tenía unos doce años, una vez, al salir del trabajo, mientras volvía a casa con otros sesenta trabajadores judíos, la policía ucraniana nos detuvo y nos metió a la cárcel. Pasamos la noche en la celda y a la mañana siguiente abrieron la puerta y nos dijeron que saliéramos al patio. Era principios de invierno y hacía un frío terrible. La ropa que llevaba no era suficiente para abrigarme. Fuera nos esperaban grandes camiones del ejército cubiertos con lonas. Estaba muy asustado y no sabía si mi madre conocía mi paradero porque acababa de desaparecer. Estoy seguro de que debió estar muy asustada, buscándome por todas partes y sin poder encontrarme. Nos empujaron al camión y, cuando estaba completamente cargado, dos soldados alemanes de las SS con metralletas se acercaron a la parte trasera del camión y se sentaron en el banco. Todos tuvimos que apretujarnos unos contra otros en el suelo. A mí no me importaba estar tan cerca de los demás porque me mantenía caliente. Creo que nadie sabía adónde íbamos, pero estábamos seguros de que nos iban a matar. De alguna manera, es posible resignarse al destino y sentir indiferencia ante la muerte inminente. Intentamos no pensar en lo que podía pasar. Después de algún tiempo, llegamos a otra cárcel en otra ciudad.

Esta ciudad era Chortkiv, donde nació mi padre. Chortkiv era la sede de la policía de seguridad de toda la región, incluyendo Búchach. Las SS y la policía ucraniana fueron los asesinos de la mayoría de los judíos de la región. Cuando el camión se detuvo y abrieron la lona y el portón trasero, empezaron a gritar: «*Raus! Schnell!*», que significa «¡Fuera! ¡Rápido!». Delante de nosotros se apostaron alrededor de una docena de soldados alemanes de las SS. Cada uno llevaba un perro con correa y una ametralladora. Los perros ladraban y gruñían ferozmente, listos para atacar. Los SS azuzaron a las bestias para que saltaran y mordieran a algunos de nosotros. Luego nos obligaron a entrar, nos dijeron que nos desnudáramos hasta quedar en ropa interior y que amontonáramos la ropa en un rincón. La policía nos registró en busca de dinero y otros objetos de valor. Nos dieron ropa vieja que había pertenecido a judíos que ya habían sido asesinados. Luego nos metieron en celdas sin comida ni agua. Oí a muchos de los otros prisioneros pronosticar sombríamente que nos matarían a todos.

Recuerdo que nuestra celda estaba en la planta baja y que todos estábamos sedientos y hambrientos. También recuerdo que bajaba mi bota por los cordones anudados a través de los barrotes de la celda para recoger nieve. Compartía la nieve con los demás prisioneros y nunca olvidaré con qué entusiasmo lamían la nieve de mi bota sucia. En uno de los intentos, se quedó pegado a la bota el corazón de una manzana, pero no lo compartí con los demás presos. No entendía muy bien lo que me estaba pasando. Para ser sincero, no creía que estuviera en peligro inminente de muerte. En realidad, no era capaz de concebir la muerte. Incluso después de presenciar tantas atrocidades, pensaba que solo morían los ancianos. Sin embargo, los demás en la celda parecían seguros de que nos matarían a todos.

Durante tres días oímos ruidos aterradores: llantos, gritos, perros que ladraban y aullaban, gemidos y alaridos. En nuestra celda, algunos decían que probablemente la policía estaba torturando a la gente para obtener información. La puerta de nuestra celda no se abrió en absoluto durante esos largos y agonizantes días. Lo que recuerdo con claridad son los malos olores y los prisioneros enfermos y débiles.

Después del tercer día de tortura, por la mañana, la policía abrió la puerta de nuestra celda y nos ordenó que saliéramos y formáramos una cola. Luego nos permitieron beber un poco de agua de barriles en el corredor. Pero el agua estaba contaminada, y la mayoría de las personas de este transporte a la cárcel de Chortkiv murieron, y otras enfermaron.

La policía nos sacó de la prisión. Fuera nos esperaban miembros del *Judenrat* del gueto de Chortkiv con comida y trineos alquilados, y nos llevaron de vuelta al gueto de Chortkiv. Nadie sabía lo que estaba pasando. ¿Por qué nos habían soltado?

Pudimos quedarnos unos días en el gueto de Chortkiv y me sentí aliviado de librarme de la desagradable experiencia de la cárcel. En el gueto, anotaron nuestros nombres, nos dieron ropa vieja y un pequeño plato de comida y nos dijeron que, de los casi sesenta prisioneros que habían sido llevados de Búchach a la cárcel de Chortkiv, solo unos veinte habían sido liberados. Como por parte de mi padre yo tenía una familia numerosa que había estado viviendo en Chortkiv, preguntaba por los miembros de mi familia que seguían vivos y residían en el gueto. Me dijeron que no había ningún Fromm registrado, pero eso no significaba necesariamente que todos estuvieran muertos. Cabía la posibilidad de que estuvieran escondidos. Sabía que la familia de mi padre era muy conocida en Chortkiv, con muchos contactos influyentes, y recé por su seguridad. Esperaba que el hombre con el que hablé en el gueto fuera sincero conmigo y no mintiera simplemente para no asustarme. Después de unos días en el gueto, la policía ucraniana nos metió en trineos y nos llevó de vuelta a Búchach.

Mi madre me esperaba ansiosa. Cuando me vio, se sintió embargada por la emoción y me besó y me abrazó. Pensaba, como era lógico, que no volvería a verme. Me sorprendió mucho ver que la gente de nuestra calle estaba contenta y celebraba. Al parecer, nadie más había sido liberado en Chortkiv. De alguna manera, la Gestapo nos había dado permiso para volver a Búchach, y era la primera vez que algo así ocurría. Hasta entonces, los detenidos estaban destinados a morir. Este incidente despertó la esperanza de que las matanzas hubieran cesado, pero era una esperanza ingenua...

Para mí, la prioridad más urgente ahora era construir un búnker para esconder a los tres miembros que quedaban de mi familia: mi madre, mi hermana y mi abuelo, Moishe Kissel. Los alemanes y sus colaboradores ucranianos hacían redadas periódicas en el barrio judío. Como yo me había convertido en uno de los favoritos del *Judenrat*, el comité me avisaba si sabían que iba a tener lugar una *Aktion*, una redada. Una vez que los escuadrones germano-ucranianos habían recogido su cuota de judíos para asesinarlos, los demás podían salir con cautela de sus escondites, a salvo hasta que se produjera otra redada.

Unas dos docenas de judíos habían construido un escondite en el ático de mi edificio. Necesitaba un escondite para mi familia, así que decidí construir mi propio búnker en nuestro apartamento de una sola habitación. Hice un agujero en la pared bajo unos escalones que llevaban al ático. La abertura era lo bastante grande para que mi madre, mi hermana, mi abuelo y yo pudiéramos entrar a gatas. Camuflé la entrada con una cómoda y la clavé al suelo. Quité la parte de atrás de la cómoda y entramos a gatas. Luego volví a colocar la estantería, puse algunos papeles sin valor y volví a colocar el contrachapado en la parte trasera de la cómoda.

Estábamos en nuestro búnker bajo los escalones cuando los de arriba fueron sorprendidos, delatados por el llanto de un niño. Las madres guardaban almohadas cerca y, en algunos casos, asfixiaban a los bebés para evitar que los nazis y los ucranianos los descubrieran. Nuestro edificio de apartamentos quedó completamente vacío después de una redada, pero solo por poco tiempo. Al día siguiente, otras docenas de personas se mudaron allí.

Durante las redadas, los saqueadores —en su mayoría ucranianos— se apoderaban de todo lo que encontraban. Descubrieron nuestro escondite cuando uno de ellos, queriendo robar la cómoda, la arrancó del suelo. Entonces vio la abertura del búnker y avisó a la Gestapo y a la policía ucraniana. Nos sacaron a rastras del búnker y mi abuelo, ya casi ciego, tropezó con los escalones y se cayó. Un policía sacó su pistola y le disparó en la cabeza. Utilizaban balas dumdum, que se expanden en la punta, y yo presencié con horror cómo la mitad de la cabeza de mi abuelo volaba por los aires.

A mi madre, a mi hermana y a mí nos metieron en la cárcel, y sabíamos que las consecuencias serían nefastas. Mi tío Jacob, que tenía privilegios, fue a pedir ayuda a la policía judía y luego a la ucraniana, a la que conocía bien, para intentar salvarnos. Escucharon sus súplicas y, a regañadientes, accedieron a liberar a los tres miembros que quedaban de mi familia. Sin embargo, como los alemanes tenían un recuento de todos los prisioneros, nosotros tres tendríamos que ser sustituidos por otros tres judíos que aún no habían sido capturados. Mi tío tendría que ir a buscar a los sustitutos, y se negó a hacerlo; su consciencia y su buen corazón no podían soportar la culpa.

En la cárcel, mi madre me dio las últimas posesiones que tenía —algunos documentos del banco y fotos de mi familia— y me dijo que las guardara a buen recaudo. Con los ojos llenos de lágrimas, me dijo que debía intentar salvarme a toda costa. Recuerdo estar sentado en la cárcel y ver a mi hermana pequeña, que entonces tenía solo cinco o seis años, aferrada a mi madre y a mi madre que lloraba en silencio, las lágrimas rodando por sus mejillas. Zonia siempre estaba pegada a nuestra madre, pero nunca lloraba.

Estábamos increíblemente asustados y hambrientos. Delante de mí había un anciano, sentado en el suelo, que se arrancaba mechones de pelo de la barba, uno a uno, y los depositaba en el suelo. Lo oí rezarle a Dios para que le ayudara. Recuerdo que mi madre me repitió muchas veces: «Intenta salvarte». Y luego: «No sé cómo. No puedo ayudarte, porque yo tampoco sé qué hacer. Sé que estamos condenados a morir. Trata de huir cuando estés fuera. Si tienes alguna oportunidad, intenta salvarte. Sé fuerte, hijo mío, y arriésgate, y Dios estará contigo. Si no te arriesgas, no sobrevivirás.

Inténtalo, hijo mío. No hay nada que yo pueda hacer, pero sé que eres capaz. Puedes hacerlo. Solo inténtalo. Es probable que ya no quede nadie de nuestra familia, excepto nosotros. Si me sigues, será el fin de nuestra familia. Tú eres la única esperanza».

Mi madre me hizo sentir importante. Me hizo sentir adulto, una persona confiable, como un hombre y no como un niño. Siguió hablando en voz baja y constante. Estaba segura de que si me alejaba, sobreviviría, y que si permanecía con ella, moriría. Me instó a salvarme y me dio el valor que necesitaba para seguir viviendo. Durante toda la guerra, y a lo largo de todas las penurias inimaginables que sufrí, sus palabras fueron mi esperanza, mi seguridad y mi fuerza para seguir viviendo. Sus consejos me hicieron esforzarme para salvarme y me dieron la inspiración que necesitaba.

Más tarde, cuando estaba solo en el bosque, hablaba con Dios. En mi mente, le gritaba. Cuando me encontraba en una situación horrible y necesitaba expresar mi dolor, apelaba a Dios. Quería que me ayudara cuando lo necesitaba: cuando tenía frío y hambre, cuando estaba mojado y vivía a la intemperie en invierno, cuando estaba resfriado o con fiebre o cuando estaba herido. ¿Con quién podía quejarme? La mayoría de la gente tiene a su madre, a su padre, a un familiar o a un amigo. Yo no tenía a nadie. Solo tenía a Dios. A veces hablaba en voz alta, esperando que me hiciera caso. Levantaba la voz como lo hacía con mi madre cuando estaba enfadado. La diferencia era que mi madre solía escuchar y ayudar. Dios se limitaba a escuchar, pero yo sentía que al menos tenía a alguien a quien clamar por mi lamentable existencia. Cuando vestía harapos, y estaba solo y muerto de hambre en mitad del frío, mi enfado con Dios era extremo. Dios es testigo de mi sufrimiento.

Al día siguiente, mi madre, mi hermana y yo nos vimos obligados a caminar hasta un camión que nos esperaba, como si fuéramos ganado transportado al matadero. Nos entró el pánico; no sabíamos a dónde íbamos. Había cientos de adultos y niños, y la policía gritaba y disparaba. La gente estaba histérica porque caían unos encima de otros y los separaban de sus familias. No podíamos subir a los camiones lo bastante rápido, así que nos empujaban con violencia, nos daban patadas y nos golpeaban con porras. Fui testigo de cómo dos policías tomaban a una niña por un brazo y una pierna mientras trataba de subir al camión y la arrojaban dentro como si fuera una bolsa de basura.

Recuerdo con claridad los brazos de Zonia alrededor de nuestra madre. Entonces mi madre me empujó para que no subiera al camión e insistió: «Es tu oportunidad de huir». Sabía que no podía correr porque, si lo hacía, me dispararían. Pero me quité el brazalete y empecé a caminar despacio hacia el puente cercano. El puente sobre el Strypa, tan familiar para mí, partía la ciudad por la mitad. No era un puente grande, posiblemente de quince o veinte metros de largo. Estaba hecho de madera y era lo bastante ancho para que lo cruzaran personas, caballos y carros. Comencé a cruzarlo y estaba casi a mitad de camino cuando vi a un oficial de las SS caminando desde el lado opuesto. De inmediato me quedé paralizado y pensé: «Y ahora, ¿qué hago? ¿Sigo caminando?».

Sentí en mi corazón y en mi mente que iba a matarme. Lo primero que pensé fue volver o saltar al río. El puente estaba a unos cuatro metros por encima del agua. A menudo había jugado en ese puente con amigos. Solíamos saltar desde el puente y nadar en el río, así que sabía que el agua era bastante profunda. Era una situación de vida o muerte. Tenía que tomar una decisión rápido, pero mi mente estaba en blanco, así que seguí caminando como si nada. No sé si tomé una decisión inconsciente, pero mis piernas siguieron andando.

Después de pasar uno junto al otro, no sé por qué, pero me di la vuelta, ¡y él también! Nuestras miradas se cruzaron y me ladró en alemán: «¡Detente, ven aquí!». Caminé hacia él como me había ordenado. Cuando me acerqué, sacó una pistola y me quedé mirándolo, helado de miedo.

En ese momento supe que iba a morir. No podía moverme. Se acercó a mí, me apuntó a la cabeza con la pistola y gritó: «¿Eres judío?».

«No», respondí en alemán.

A continuación, preguntó: «¿De dónde vienes?».

«Voy a casa desde el *Stadtverwaltung* [ayuntamiento]. Mi padre trabaja allí», le contesté.

«¿Por qué hablas alemán?», me preguntó.

«Mi padre habla alemán y yo voy a la escuela», le dije.

Quizá esto le satisfizo, o quizá estaba confundido. Para asegurarse de que le estaba diciendo la verdad, me puso la pistola en la sien y volvió a repetir en alemán: «Dime la verdad… ¿eres judío?».

«No», respondí rápidamente.

Volvió a enfundarse la pistola y, sin decir nada más, siguió cruzando el puente a grandes zancadas, y se dirigió a los camiones cargados de judíos, entre ellos mi madre y mi hermana.

Creo que mi madre me vigilaba y rezaba por mi seguridad, y creo que Dios también me vigilaba. En cualquier caso, crucé el puente y me puse a salvo. El deseo de mi madre se había hecho realidad. Creo que me salvé y viví gracias a las últimas palabras que me dirigió. Tuve mucha suerte de poder alejarme de una muerte inminente. Puede que fuera la única persona viva que quedaba de aquella redada en el gueto. Fueron cientos de personas a las que, ese día, capturaron, apresaron y masacraron.

No sé quién era aquel hombre que encontré en el puente, pero es lógico suponer que sabía cómo comprobar si un chico era judío o no, y fue un milagro que no me pidiera que me bajara los pantalones. Si hubiera visto que estaba circuncidado, me habría ejecutado al instante.

Cuando llegué al otro lado, mi tía Erna estaba de pie con otros, observando la carga de judíos en los camiones. Mi único pensamiento era: «¿Me habrá visto mi madre cruzar el puente sano y salvo?». Esperaba que así fuera. Eso le daría fuerzas para soportar su sombrío futuro. Se sentiría responsable de mi supervivencia y estaría muy contenta de no haber presenciado el asesinato de su hijo, porque con seguridad habría pensado que mi muerte era culpa suya.

Después de aquel incidente, ya nunca supe nada de mi madre ni de mi hermana. Supongo que fueron asesinadas porque, sin duda, mi madre me habría buscado después de la guerra. A menudo me preguntaba cómo murieron ella y mi hermana. Me hacía muchas preguntas, pero no tenía respuestas. ¿Las enterraron en una fosa común o las asesinaron en el campo de concentración de Belzec, como a tantos otros de Búchach? Si están en una fosa, ¿en dónde está? De los aproximadamente sesenta y dos miembros de mi familia que perdí, no tengo tumbas que visitar.

Al día siguiente del incidente del puente, mi tía y yo fuimos al cementerio a buscar los cuerpos de nuestros familiares. Los cuerpos estaban alineados en filas. También había otras personas buscando a sus familiares. Era un espectáculo horrible y recuerdo sollozos y gritos desgarrados e histéricos. A pesar de que había tantas filas de cadáveres, no podía creer que algo así pudiera estar ocurriendo. Era un espectáculo que nunca olvidaría: tantos cadáveres y en condiciones tan indescriptibles. A muchos les habían abierto la cabeza con balas explosivas, les habían desgarrado el pecho y les faltaban miembros. Los muertos eran de todas las edades, incluidos muchos bebés y niños. Todos los asesinados eran inocentes. No eran personas que hubieran cometido crímenes. Los mataron por su religión, sin remordimiento ni piedad. Ninguno de los muertos fue enterrado como se debe; no había ni lápidas ni tumbas.

Encontré el cuerpo de mi abuelo. Mi tía lloraba. Yo no sollozaba, pero las lágrimas me corrían por la cara. En este cementerio habían sido enterrados los miembros de mi familia, generación tras generación. Algunos monumentos tenían más de un siglo. Más tarde, muchos de ellos fueron retirados, y oí que se utilizaron para pavimentar el mercado de agricultores de Búchach. Nuestro cementerio era ahora un campo casi vacío, con pocas lápidas. La puerta de hierro del camposanto también había desaparecido, fue robada o vendida como chatarra. El cementerio para judíos ya no existía. Los judíos eran arrojados a fosas comunes.

Mi tía rezó una oración sobre el cadáver de su padre y nos despedimos de él. El cuidador del lugar, que no era judío, dijo que los muertos de esta última redada serían enterrados en una fosa común y que el montículo sería arado. Por eso no sabemos con exactitud dónde está enterrado mi abuelo.

Cuando salimos del cementerio, mi tía me dijo que había hecho arreglos para que me escondiera. Mis tíos también habían hecho sus propios planes con un amigo suyo, que tenía un restaurante, para compartir un escondite con otras dos parejas. Me dijo que sentía no poder llevarme con ellos, pero que ya había seis personas en total y no podía acompañarlos porque los demás rechazaban la idea de que los niños compartieran su escondite.

El amigo de mi tío, el dueño del restaurante que acabaría dándoles cobijo, no era judío, pero era su mejor amigo y socio antes de que los alemanes ocuparan Búchach. También eran copropietarios del edificio del restaurante, donde las tres parejas construyeron un refugio. El amigo de mi tío confiaba su vida a mi tío, y las tres parejas confiaban su vida al amigo de mi tío.

En tanto, mi tía había conseguido que me escondieran en una granja regentada por un hombre llamado Jasko Rudnicki. Mi tía, en su afán por protegerme, apenas sabía lo que hacía, pero intentaba por todos los medios mantenerme con vida. Durante mucho tiempo pensé que me había abandonado; en aquel momento me sentía dolido y enfadado porque me parecía que no quería que viviera con ellos en la clandestinidad. Hoy puedo entender su decisión. Estoy seguro de que fue duro para mi tía esconderse sin mí, pero tuvo que aceptarlo.

SEGUNDA PARTE
ESCONDERSE

La paz es un proceso diario, semanal, mensual, que cambia de forma gradual las opiniones, erosiona con lentitud viejas barreras, construye en silencio nuevas estructuras. Y por poco dramática que sea la búsqueda de la paz, esa búsqueda debe continuar.

JOHN F. KENNEDY, 1963

Vivir en el bosque

Por la noche, antes del toque de queda impuesto, un granjero vino a casa de mi tía a recogerme. Su carro, tirado por dos caballos, estaba lleno de paja. Había cinco personas en la carreta, un padre y una madre, su hija de dieciséis años y sus dos hijos adolescentes.

La familia que me recogió era amiga de mi tío, del cercano distrito de Zolotyi Potik. Eran agricultores judíos y conocían a todo el mundo en la zona. También se escondían, no muy lejos, según supe después, y planeaban entregarme a Jasko Rudnicki. Al amanecer, llegamos por fin a casa de Jasko. Él había construido su casita en el bosque, aislada de cualquier vecino. Un camino de tierra atravesaba un pequeño asentamiento de solo cinco casas, todas con tejados de paja, y había un pequeño molino harinero junto al río.

La casa de Jasko era la primera al entrar en el asentamiento y parecía un buen lugar para esconderse. Estábamos a una distancia considerable del tráfico, y por el camino de tierra solo cabía una carreta a la vez. Si dos carromatos se acercaban, uno tenía que salirse del camino y esperar. A medida que pasaba el tiempo, me di cuenta de lo tranquila que era la zona; había muy pocos visitantes, por lo regular algún granjero local que iba al molino harinero. El molino funcionaba con agua, ya que no había electricidad en la zona. Las familias habían desviado el agua del río, y la rueda de madera giraba despacio. El eje de la rueda tenía un engranaje que giraba alrededor de una piedra y molía una pequeña cantidad de trigo o maíz para producir harina gruesa que luego podía utilizarse para hornear pan.

«Boceto de la granja de Jasko», por Maxwell Smart, *circa* 2010.

Jasko se convertiría en mi único vínculo con el mundo exterior. Tenía veintiocho años; su mujer, Kasia, veintidós, y tenían dos hijos pequeños. Eran campesinos pobres que vivían al borde del bosque. En realidad, eran granjeros sin granja. Solo tenían un huerto para cultivar hortalizas como maíz, remolacha y patatas para su propio consumo. Jasko trabajaba para otros agricultores durante las distintas estaciones: había una estación para cortar el trigo y otra para cosechar las patatas; cada planta tenía una estación para cultivar y cosechar. A Jasko no le pagaban con dinero, sino con comida.

La casa de Jasko, llamada *lepianka* en polaco, que significa cabaña de barro, tenía una sola ventana y una puerta. El tejado de paja tenía un pequeño desván donde yo me quedaba de vez en cuando. Jasko poseía un establo, una vaca, un cerdo (que compraba cuando era lechón, lo alimentaba durante el año y lo mataba para comer en Navidad) y un caballo. Ese establo fue mi hogar durante las frías noches de invierno.

«Boceto de la casa de Jasko», vista desde el bosque, por Maxwell Smart, *circa* 2010.

Gracias a la calefacción que subía del piso principal, el desván donde dormía era cálido. Jasko siempre tenía algo de comida para mí, sobre todo pan negro y, en una jarra, leche agria, que en realidad era yogur. Cuando me metía en el heno del establo para dormir, Kasia venía por la mañana a ordeñar la vaca. Al reunirme con ella, me decía que esperara y después me daba pan y leche.

Kasia me vestía como a un niño polaco con un atuendo que se llevaba en la zona: pantalones blancos hechos a mano con yute y una camisa bordada con hilos de algodón de colores. En cuanto a mi nuevo nombre polaco, Jasko decidió llamarme Staszek, que era el nombre del hermano pequeño de Kasia.

En algunas ocasiones me reuní con la familia que me había llevado a la granja, y eso me encantaba. La mayor parte del tiempo, se quedaban en el bosque; sus hijos eran mayores que yo, pero me hacía ilusión verlos por las mañanas. Compartía mi comida con la niña. Era bonita y algo mayor que yo, y creo que estaba enamorado de ella. Recuerdo que nos besábamos y nos tocábamos.

Trabajé mucho para Jasko y su mujer. Aprendí a ordeñar una vaca, a hacer mantequilla, a limpiar el establo y a hacer fuego en el horno. Cortaba leña, heno, maíz y paja para los animales. Llevaba a la vaca al prado y a veces también al caballo. Recuerdo que Jasko me enseñó cómo evitar que el caballo se escapara. Me dijo que atara las patas delanteras del animal para que no corriera, pero que tuviera movilidad suficiente para pastar.

También trabajé en una rueca para hacer hilo de la planta de yute, y luego confeccioné pantalones y camisas para los niños, obviamente cosiendo a mano (sabía coser a mano con aguja, pues había aprendido esta habilidad en la fábrica de mi abuelo). También hice gorras para Jasko, para sus hijos y para mí.

Sacaba cenizas del horno y las guardaba para Kasia. Ella lavaba la ropa con ceniza en vez de con jabón. Kasia ponía la ropa sucia en la mitad de un barril de madera y vertía una olla de agua caliente. Luego cubría la ropa con un paño, apretándolo bien por los bordes, y ponía encima las cenizas de dos semanas. A continuación, vertía más agua para cubrir las cenizas. Dejaba la mezcla toda la noche y, por la mañana, llevaba la ropa al río. Allí utilizaba una piedra con una pala plana para golpear la ropa y luego la aclaraba con el agua del río. Por último, la tendía en el suelo para que se secara. El resultado era una ropa blanca como la nieve.

Una vez al mes, Jasko enganchaba su caballo y su carromato para viajar a Búchach y cobrar sus honorarios por cuidarme. En esas ocasiones llevaba productos de su huerto, huevos, mantequilla y, a veces, hasta una gallina para vender. Jasko llevaba mis cartas a mi tía y traía sus respuestas.

Fue una época bastante cómoda para mí. En el pequeño pueblo me conocían como el «*Żydek*» de Jasko, su «judío». Nadie me molestaba y pensaba que estaba a salvo. Por desgracia, los tiempos felices no duraron.

Un domingo, Kasia me trajo un trozo de tela y me pidió que le hiciera un gorro al hijo de su hermana. Mientras lo cosía, oímos disparos a lo lejos. Jasko, alarmado, me dijo que me escondiera en el bosque detrás de la casa.

Volví por la noche y me enteré de la trágica noticia: los banderistas (*Banderowcy*), nacionalistas ucranianos, habían capturado a la familia con la que había viajado y que se escondía en el bosque. Durante los siguientes días me aventuré en el bosque, con la esperanza de que algún miembro de la familia hubiera sobrevivido. Al tercer día encontré a los dos hermanos, Dolek y Benyick, que corrieron hacia mí y me dijeron que los banderistas habían capturado a sus padres y a su hermana y se los habían llevado a rastras. Los hermanos estaban muy asustados. Un granjero polaco que vivía cerca había ayudado a su familia, pero ahora tenían miedo de volver al pueblo y con el granjero. Sabía que necesitarían comida, que no sobrevivirían sin ayuda y que debían ser en extremo precavidos. Los judíos se escondían en los bosques cercanos, pero se ponían en peligro a diario en la búsqueda de comida. Muchos granjeros eran hostiles con los judíos; otros eran serviciales, mas recelosos. La pena por ayudar a un judío era la muerte no solo para el granjero, sino para toda su familia.

Pasaron semanas y un día, sin previo aviso, vi por la ventana a policías ucranianos que se dirigían a la granja de Jasko. Los vecinos debieron avisar a la policía que Jasko escondía a un judío. Fui muy ingenuo al pensar que allí estaba a salvo. No tuve tiempo de planear una huida, ni siquiera de tener miedo. Tomé al bebé e intenté salir de la casa, pero vi que mucha gente del pueblo se había reunido delante de la casa de Jasko. Decidí que era demasiado peligroso intentar huir. Incluso si conseguía salir, había gente mirando, anticipando mi muerte. Solo había una puerta y una ventana, y la policía estaba justo delante de ambas.

La policía llamó a la puerta y Jasko respondió de inmediato. Los agentes lo sacaron y, delante de la multitud, declararon: «Nos han dicho que escondes judíos. Si no nos dices dónde están y los encontramos, mataremos a los judíos y a toda tu familia». Al oír esto, me asusté muchísimo. Me temblaban las manos, pero, por suerte, el hecho de tener al bebé en brazos lo ocultó. Pensé: «Ya está, me han atrapado, voy a morir». Sin duda habían venido por mí, porque no fueron a casa de nadie más. Probablemente habían matado a la madre y al padre de mis dos amigos en el bosque, así que pensé que sin duda iban a matarme a mí. Había escapado de la muerte una vez, pero ¿podría hacerlo de nuevo?

Mientras permanecía allí, helado, oí a Jasko decir con rapidez y sin vacilar: «No escondo a ningún judío». La policía comenzó entonces una búsqueda intensiva registrando el granero, el ático y la pequeña granja. Yo me quedé allí, con el bebé en brazos. Los ucranianos hundieron sus bayonetas en las camas vacías llenas de paja y en el suelo de tierra. Durante toda esta larga y estresante búsqueda, yo estaba a la vista de todos, vestido como un niño polaco. Fingía que formaba parte de la familia de Jasko, que era su hijo y que el bebé y el niño de dos años eran mis hermanos. A los policías ucranianos ni siquiera les pasó por la cabeza que no lo fuera. Cuando los policías, conocidos asesinos brutales, comenzaron a buscar, yo dejé al bebé en el suelo y fingí ayudarles levantando una mesa, moviendo una silla y buscándome a «mí». La policía ucraniana nunca imaginó que un joven judío tendría la valentía de fingir que les ayudaba a encontrarme a mí, ¡el judío!

Después de este incidente, Jasko estaba preocupado y asustado; no podía creer lo que les había dicho a los asesinos ucranianos. Había respondido de forma automática, sin pensar en las consecuencias, y solo se dio cuenta de lo peligroso que era para él y su familia cuando los policías se marcharon. Había salvado mi vida poniendo en peligro la suya, la de su mujer y sus hijos. Durante la guerra, matar a un judío no significaba nada, sobre todo si tu propia familia estaba en peligro. La mayoría de la gente, si se les hubiera confrontado por esconder a un judío, nos habría delatado sin dudarlo. Creo de todo corazón que Jasko merece una medalla por haberme salvado la vida. Ahora que escribo mis memorias, todavía me cuesta creer el enorme riesgo que corrió Jasko al decir que no escondía a ningún judío. En aquel momento no me di cuenta del todo, pues era bastante joven, pero hoy pienso que era un ángel del cielo. Me había salvado la vida otra vez.

Cuando la policía se fue con las manos vacías, Jasko no sabía qué hacer porque temía que volvieran. Así que me dijo que no me quedara demasiado cerca de su casa durante el día y que buscara un lugar donde esconderme en el bosque con los hermanos. Estaba seguro de que uno de sus vecinos lo había denunciado a la policía. Esa persona incluso podría haber estado viendo cómo se desarrollaba la escena, y podría no haber dicho quién era yo por miedo a que otros supieran que él era el soplón.

Por desgracia, a causa de este incidente sufrí una gran pérdida. Mientras la policía ucraniana registraba metódicamente la granja, escondí las valiosas fotografías familiares y los documentos del banco en una estufa apagada, pues sabía que su hallazgo me identificaría como judío. Al día siguiente, cuando volví a la granja por la noche, intenté sacarlas de la estufa, pero no las encontré. Le conté a Kasia lo que había hecho y me horroricé al descubrir que habían encendido la estufa para hacer la cena. Las fotografías irremplazables, único lazo que me unía a mis padres y a mi hermana, se habían perdido para siempre. Eran las preciosas fotos y los documentos que mi madre me había dado en la cárcel, y habían desaparecido. Si alguna vez tenía la oportunidad de volver a casa, necesitaría la información de la casa y del negocio que había en los documentos, así como los certificados bancarios.

Esas fotografías eran el último vínculo que tenía con mi familia. Me hacían sentir que nunca estaba solo, que mi madre siempre estaba a mi lado y conmigo en espíritu. Solía tenerlas cerca de mí, y me ayudaban a reducir un poco el miedo inimaginable. Ojalá hubiera tenido las fotos en las muchas noches y días en que estuve escondido, asustado, en el bosque. A menudo me dormía rezando para que alguien que me quisiera, me protegiera y velara por mí. Estaba muy triste y me sentía muy solo y perdido en aquel momento, sabiendo que Jasko ya no podía cuidarme. No tener las fotos de mi familia fue una pérdida que quedó grabada para siempre en mi consciencia.

Por desgracia, llegaron más noticias trágicas. La siguiente vez que Jasko fue a Búchach a cobrar sus honorarios por acogerme, como había hecho el mes anterior, el dueño del restaurante le dijo que mi tía, mi tío y sus amigos habían sido descubiertos en su escondite y asesinados, y que no habría más dinero. El dueño del restaurante le dio a Jasko una pequeña cantidad de su propio dinero y una manta como ofrenda. Cuando Jasko regresó de Búchach sin una carta de mi tía y me contó la historia de lo que les había ocurrido a mis tíos, sentí que era la peor noticia posible desde que me enteré de que habían asesinado a toda mi familia. Comprendí perfectamente que yo también podría morir, y estaba tan enfadado que sentí que sería mejor que eso ocurriera. Así no necesitaría cobijo ni comida, ni tendría que vivir con el miedo constante de lo que pudiera sucederme. Empecé a llorar y Jasko se dio cuenta de lo hirientes que eran sus noticias. Kasia se acercó a mí y me dijo: «No te preocupes, yo cuidaré de ti».

Jasko seguía recomendándome que me quedara con mis dos amigos en el bosque, ya que era demasiado peligroso estar en su casa durante el día. Me dijo que podía dormir en el granero por la noche cuando hiciera mucho frío y que Kasia me traería algo de comida. Comida, pensé para mis adentros. Sin comida, muerto de hambre, me volveré como un animal salvaje. Perderé toda consciencia del peligro y seré vulnerable y descuidado mientras busco alimento. Innumerables personas escondidas fueron asesinadas porque buscaban comida. No era difícil esconderse, pero teníamos que salir de nuestros escondites para alimentarnos. ¡Ojalá no necesitara comida!

Recuerdo que Jasko me enseñó a atrapar un conejo. En invierno, se adentraba en el bosque y colocaba trampas en la nieve, donde había huellas de animales. A menudo yo atrapaba conejos, pero en ocasiones solo encontraba la mitad de ellos. Evidentemente, la otra mitad había servido de cena a alguien más, pero yo agradecía que me hubieran dejado algo.

Se acercaba el invierno cuando me vi obligado a vivir en el bosque con los dos hermanos. Hablamos de construir un refugio. Encontramos un lugar no lejos del río, un pequeño hueco bajo una gran roca donde podíamos resguardarnos de la lluvia. Era muy bajo, así que solo podíamos sentarnos y, aunque lo intentamos, no pudimos cavar más hondo. Habría estado bien en verano, pero en invierno sería horrible, sin apenas protección contra el viento. No era un lugar que pudiera mantenernos calientes. Teníamos que encontrar o construir algo que estuviera bien aislado. Lo más deseable habría sido un lugar bajo una roca que se extendiera desde una de las montañas. Seguimos buscando un escondite natural, pero no había cuevas en nuestra zona. Nos dimos cuenta de que tendríamos que construir algo, pero que de forma temporal deberíamos quedarnos en nuestro refugio existente.

Usábamos hojas secas como colchón y nos cubríamos con nuestros abrigos para entrar en calor. Dormíamos muy juntos para proporcionarnos el máximo calor corporal. Cambiábamos de posición durante la noche porque el centro era el lugar más cálido. Muchas noches, sin embargo, el frío era tan penetrante que no podíamos dormir, e incluso el chico que intentaba dormir en el centro se quedaba helado.

Un día, al amanecer, oímos gritos. Eran los banderistas ucranianos, merodeando por el bosque, en busca de judíos. Por fortuna, los vimos antes de que nos descubrieran. Tomamos nuestros abrigos y corrimos en la única dirección que podíamos: colina abajo y hacia las aguas heladas del río. Cruzamos lo más rápido posible. No era muy profundo, pero estaba helado. Además, en aquel lugar había una corriente muy fuerte, y nuestros pantalones y zapatos se empaparon. Cuando salimos del agua, seguimos corriendo, cada vez con más dificultad porque la ropa se nos congelaba literalmente en el cuerpo; y yo tenía la sensación de llevar metal. Pronto tuvimos que aminorar la marcha. Entonces nos quitamos los pantalones congelados y corrimos casi desnudos, solo con los abrigos a la espalda, durante casi un kilómetro, en medio del frío. Tuvimos mucha suerte de huir de los banderistas, ya que descendían por la colina hacia el río, pero era impensable que alguien intentara cruzar el río helado. Estoy seguro de que conocían la ubicación exacta de nuestro refugio y de que no fue casualidad que bajaran de la montaña por donde lo hicieron: alguien de la zona debía saber de nosotros.

Seguimos corriendo. Luego llegamos a un granero, donde nos volvimos a quitar la ropa mojada y pusimos los pantalones sobre los flancos calientes de unas reses. Los tres, desnudos, nos enterramos en el heno y permanecimos juntos, intentando mantener el calor.

Cuando llegó la mañana, la puerta del granero se abrió de golpe y un asustado granjero polaco se plantó allí gritando: «¿Quién está aquí?». Dolek se levantó y explicó que huíamos de unos bandidos ucranianos. Aunque el granjero estaba muy asustado, llevó nuestra ropa a su casa y luego nos trajo pan y leche. Pero nos dijo que tendríamos que marcharnos cuando se secara la ropa. Nos quedamos todo lo que pudimos antes de aventurarnos con cuidado. El granjero, un polaco cristiano, era un buen hombre, pero también él estaba aterrorizado por los Banderowcy.

Queríamos volver a nuestro pequeño refugio de la colina, pero nos dimos cuenta de que ya no era seguro. Los árboles yermos y sin hojas dejaban al descubierto nuestro refugio casi por completo, y los banderistas conocían su ubicación. Teníamos que encontrar pronto un nuevo escondite, antes de que el invierno se volviera insoportablemente frío. Desesperados, empezamos a buscar un refugio adecuado, conscientes de la dificultad de excavar el suelo semicongelado, pero teníamos que hacer todo lo posible. Acordamos un nuevo emplazamiento que no estuviera lejos del río, ya que esta proximidad nos brindaría la posibilidad de escapar.

Jasko nos prestó unas palas y empezamos a cavar. El suelo aún no estaba cubierto de nieve ni completamente helado, y no nos costó encontrar ramas para hacer un tejado. Nuestra nueva guarida estaba pegada a la montaña e inclinada; de hecho, parecía parte de la montaña. Hicimos una abertura en el techo con ramas para que saliera el humo del fuego y recogimos leña seca y la guardamos junto al refugio. Era nuestro nuevo hogar, un lugar donde escondernos de los nazis, de los ucranianos y del frío y del viento, un lugar donde mantenernos calientes y evitar que nos detectaran.

Agradecía poder quedarme de vez en cuando en el establo de Jasko, donde hacía calor y podía recibir algo de comida de Kasia por la mañana cuando ordeñaba la vaca. Si Kasia no me necesitaba para ayudarla, abandonaba el establo de Jasko e iba a reunirme con mis amigos en nuestro escondite. Cuando iba a ver a los hermanos, Kasia me daba comida extra para ellos. Los dos hermanos no podían quedarse en casa de su granjero porque él temía demasiado las consecuencias, así que se quedaban solo en nuestro nuevo refugio. Necesitaban comida a diario y, aparte de la escasa cantidad que Kasia podía darles, tenían que buscarla por su cuenta.

Una mañana, cuando llegué a nuestro refugio, mis amigos no estaban allí. Esperé todo el día, hice fuego y comí algo, pero no aparecieron, así que volví a casa de Jasko a pasar la noche. Me quedé en la casa los dos días siguientes, y por la mañana volví al escondite para ver si los hermanos estaban allí. El lugar seguía desierto. De nuevo me quedé a pasar el día, pero empecé a preocuparme por ellos. Volví a casa de Jasko por la noche, y durante los días siguientes seguí regresando para comprobar si los hermanos estaban allí, pero no volvieron a aparecer. Le pregunté a Jasko si había oído hablar de ellos y me dijo que no. Nunca supe qué fue de ellos. Pienso que fueron atrapados y luego vendidos por los Banderowcy. Los asesinos ucranianos capturaban judíos y los entregaban a la policía a cambio de una recompensa de zloties (moneda polaca), cantidad que equivalía a unos diez dólares canadienses de la época: ese era el precio por un judío. Era trágico, pero acepté el hecho de que era probable que los hubieran matado.

Grande es el caos alrededor, y temible
y no hay refugio. Aunque lloremos
en la oscuridad y oremos…
¿Quién escuchará?

«A Word»,
HAYYIM NAHMAN BIALIK, 1904

MUERTE EN LA NOCHE

En el bosque hacía mucho frío, pero en el establo, entre los animales, hacía calor. Kasia me traía pan, leche de vaca y a veces una cebolla. Cuando ya no hacía un frío insoportable y tenía que volver al bosque, buscaba con desesperación un lugar donde esconderme. Deliberadamente, nunca volví a ninguno de los escondites anteriores que hubiera compartido con los hermanos, pues era muy penoso estar allí.

No podía quedarme en casa de Jasko; era demasiado peligroso para mí, para él y para toda su familia. Apreciaba mucho su ayuda, ya que yo era solo un niño, solo en la guerra, y sabía lo difícil que me resultaría sin su ayuda. Sin embargo, no podía imponerme a Jasko quedándome en sus tierras. En el bosque encontré una pequeña cueva de aproximadamente metro y medio de profundidad, bajo una gran roca saliente. Coloqué ramas, palos y paja delante para proteger el espacio de la nieve y del viento y para evitar ser descubierto, pero dejé una pequeña entrada. La gruta era tan baja que apenas podía sentarme erguido, pero era posible acostarse. Tomé un poco de paja del granero de Jasko y la coloqué en el suelo, así como algunos trapos que su mujer ya no necesitaba.

Encontré una vieja maceta que Kasia había tirado y que tenía un enorme agujero. La enterré en un hoyo en el suelo. La cubrí con una gran piedra y ahora tenía un lugar donde guardar la comida a salvo de los animales. Antes, los animales encontraban mis restos de comida y salían corriendo con ellos. Hice otras perforaciones en la olla y la llenaba con el carbón que necesitaba para hacer fuego, calentarme y cocinar durante el día. Cuando podía permitirme el lujo, cocinaba una papa en las cenizas del fuego. Guardaba el carbón sobrante y lo añadía a la olla para calentarme por la noche. Recuerdo que estaba muy orgulloso de mí mismo porque tenía una gran cantidad de carbón para mantenerme caliente. Hoy en día, cuando hago una barbacoa en mi hermoso jardín y en mi entorno, me acuerdo de lo valioso que era el carbón cuando me escondía en el bosque, sobre todo cuando llovía.

La lluvia también me trae muchos recuerdos, porque cuando llovía mientras estaba escondido, me sentía a salvo de los asesinos. Hoy, cuando conduzco mi coche y está lloviendo, me siento muy feliz de sentarme dentro y no mojarme, y siempre agradezco estar protegido y abrigado. En el bosque, aunque tenía miedo por la noche, también sentía que la noche era mi manta de seguridad, que era un momento en el que estaba a salvo de los banderistas ucranianos y de los nazis.

Los momentos más duros eran cuando me ponía a pensar en mi familia. Era lo único que me daba esperanzas de sobrevivir. Pensaba en mi madre y en mi hermana y esperaba y rezaba para que estuvieran mejor que yo. De alguna manera, no pensaba en ellas como si estuvieran muertas, y me preguntaba si volvería a verlas. ¿Me reconocerían? ¿Cuánto tardaríamos en volver a estar juntos? ¿Cómo sobreviviría solo?

Era muy difícil para mí, a una edad tan temprana, pensar que me separaría de mi familia para siempre. Intentaba convencerme de que no debía preocuparme, pero era casi imposible no creer que mi futuro ya estaba sellado y que tendría que vivir así hasta que me capturaran o me mataran, como a Dolek y Benyick. El invierno era la época más dolorosa y horrible para mí porque siempre tenía frío y hambre. Mi única comunicación con la gente era ahora con Jasko y Kasia. Era tan solitario, desesperadamente solitario, no tener a nadie más con quien hablar. Si tenía que quedarme en el bosque uno o dos días, sufría de verdad el aislamiento. Empecé a hablar solo. Nada más quería escuchar una voz. Cantaba canciones. Me sentía un poco mejor cuando hablaba en voz alta y oía una voz, aunque fuera la mía.

No tenía absolutamente ninguna información sobre lo que ocurría en el resto del país. Pensaba: «¿Cuándo acabará la guerra, si es que alguna vez acaba?». Ahora solo iba a ver a Jasko cuando necesitaba comida con desesperación, y siempre agradecía ese lujo. Tenía miedo de ir a cualquier sitio que estuviera cerca de otras casas porque sabía que no era seguro. Mi tristeza y angustia eran insoportables y sentía que me estaba volviendo loco. Además del hambre, el frío y el miedo, me atormentaba no poder comunicarme con nadie. No sabía qué día era ni cuánto tiempo había pasado desde que mis dos amigos desaparecieron o fueron asesinados, pero en realidad no importaba. Temía que mi situación no cambiara nunca. Casi todas las personas que conocía ya habían muerto, y pensé que lo más probable era que yo corriera la misma suerte. Aunque mi madre me había instado a salvarme, no me dijo cómo, y yo había perdido las preciosas fotos, así que sentía que ya no estaba conmigo. Sentí que había perdido para siempre los rostros y los vínculos con mi familia. “¿Por qué no me fui con ella?», pensaba. “¿Estará mejor que yo?».

Pasé muchas noches tan solo mirando al cielo. Imaginaba que viajaba en el espacio y el tiempo, soñaba y me desprendía de la realidad. Estaba en mi mundo imaginario. Era casi relajante contemplar el cielo, las copas de los árboles y los pájaros, tanto de día como de noche. Soñaba que debía de ser maravilloso ser un pájaro, volar en libertad. Soñaba con mi madre, mi padre, mi tía Erna, mi tío Jacob, mi hermana pequeña, Zonia, y el resto de la familia. Recordaba cuando mecía a Zonia en su cuna. Era reconfortante soñar con mi familia.

Sin embargo, me daba mucho miedo no tener a nadie cerca por la noche; el bosque estaba muy oscuro. A menudo me colaba en el granero de Jasko, muerto de miedo de que alguien me encontrara, me golpeara, me torturara y luego me matara. Si quería sobrevivir, era imposible quedarme totalmente solo. Sabía que tenía que encontrar a otras personas con las cuales vivir que también se escondieran en el bosque, y que al final tendría que dejar a Jasko. Era tan amable, se compadecía tanto de mí y siempre compartía su escasa comida conmigo. Necesitaba preguntarle si había oído hablar de judíos refugiados en los bosques cercanos porque no podía seguir viviendo en un mundo de silencio.

Pasé gran parte del invierno solo, vagando por el bosque. Mi ropa estaba rota, mis zapatos se habían deshecho y usaba trapos para cubrirme los pies. Ya no parecía un niño polaco. Parecía un mendigo, y los mendigos en aquel lugar y en aquella época eran, la mayoría de las veces, judíos. Pasaron muchas semanas solitarias. Sentía que pronto cambiarían las estaciones. Daría la bienvenida a las primeras señales de la primavera. Los agricultores plantarían sus cosechas y yo podría caminar descalzo. Las plantas de mis pies se endurecieron, eran duras como el cuero. Pronto podría robar patatas, zanahorias, cebollas y maíz de los huertos de los granjeros, pero tendría cuidado de no dañar sus pequeñas parcelas. Solo robaba lo que necesitaba para vivir. En verano era mucho más fácil vivir en el bosque, escondido entre los árboles y la vegetación.

Sin embargo, seguía sin tener con quien hablar. Jasko me dijo que había judíos en otro pueblo a unos quince kilómetros, pero me aconsejó que no fuera. Le preocupaba que me perdiera o me atraparan. Creo que comprendía lo difícil que era para mí estar solo. A menudo le preguntaba a Jasko por la guerra y quién iba ganando. Siempre me contestaba que los alemanes estaban perdiendo, pero no lo parecía y yo no le creía. Me dijo que tuviera paciencia, que los alemanes estaban perdiendo la guerra y que no tardaría mucho en volver a casa. Fue muy amable de su parte decir eso. En verdad se preocupaba por mí. Intentaba convencerme de que no estaba completamente solo porque tenía a Jasko; ¿no era afortunado?

Jasko era un *mensch*, una buena persona, pero la realidad no tardaba en aparecer cuando regresaba a mi escondite. Los únicos sonidos que rompían el lúgubre silencio del bosque eran el piar de los pájaros y, de vez en cuando, el grito de algún animal. Parecía que yo era el único ser humano sobre la Tierra, y tenía tiempo de sobra para pensar. Me volví intensamente consciente del mundo que me rodeaba, e imaginaba formas y soñaba con viajar por el espacio infinito. Creé mi propio pequeño mundo de seguridad.

En este mundo privado de mi propia mente, no tendría que esconderme como un animal pequeño. Cuando oía a los pájaros y veía corretear a las ardillas, envidiaba el hecho de que incluso una ardilla tuviera un hogar en algún lugar de la Tierra y pudiera correr libre. Envidiaba a todos los animales porque ellos tenían casa y familia y yo no. Envidiaba al mendigo desplomado en las escaleras de la iglesia del pueblo porque no temía que alguien lo matara. «¿Por qué», me preguntaba, «estoy condenado a vivir con más miedos que un mendigo?».

Pensaba en mi familia, sobre todo si sabía que era viernes por la noche, Shabat. Me repetía que el hecho de que mi familia no estuviera conmigo no significaba que por fuerza estuvieran muertos. Pensaba que, puesto que yo seguía vivo y no estaba con ellos, ellos también podrían estar vivos. Creía, con certeza, que mi tía ya no vivía porque, de lo contrario, me habría escrito. Rezaba para que mi hermana siguiera viva, pero sabía que era poco probable que hubiera logrado sobrevivir. Al mismo tiempo, era dolorosamente consciente de la realidad: las posibilidades de que alguien de mi familia estuviera vivo eran en extremo escasas.

A pesar de todas mis penurias, también recordaba los momentos felices de mi vida antes de la guerra. Recordaba haberme saltado el *cheder*, la escuela hebrea, y la vez en que el rabino vino a ver a mi padre para que le pagara, preguntándole por qué no había asistido a los estudios hebreos durante varios días. Mi padre me castigó por no asistir a clase, y no he olvidado aquella paliza —incluso hoy—, ¡y hasta desearía que estuviera aquí para pegarme otra vez! Al menos supe que el dolor que sufrí fue dado por amor y consideración, no por odio. Recordé la vez que me escapé de casa. En realidad, solo estuve unas horas en casa de mi amiga Hayalah, pero mi madre había estado llorando desesperada mientras me buscaba. Nunca se lo contó a mi padre.

¿Me estaba volviendo loco? ¿O ya estaba loco? Lo único que sabía era que no había nadie a mi alrededor que me quisiera y que no tenía a nadie a quien amar. No había nadie que me cuidara y me echara de menos, que se preocupara de si vivía o moría. Salvo Jasko, a quien le caía bien, los labradores se habrían alegrado de librarse de mí, el pequeño judío que invadía sus huertos para robar comida.

Incluso empecé a odiarme a mí mismo. ¿Por qué era judío? ¿Por qué mis padres eran judíos? ¿Por qué me habían educado así? Si no fuera judío, no tendría que vivir con miedo constante. No tenía ni idea de los planes de Hitler. ¿Por qué nos mataban? ¿Estaban los judíos destinados a ser odiados y asesinados? ¿Por qué Dios creó a los judíos si su única carga era sufrir? Miraba al cielo, esperando que Dios me escuchara, y gritaba para asegurarme de que lo hacía. ¿Era mejor ser cristiano? Todos los cristianos vivían en sus casas y tenían comida y ropa, así que su Dios debía de ser mejor que el mío. Su Dios cuidaba de su pueblo. ¿Por qué mi Dios no cuidaba de mí?

"¿Ves cómo me veo, Dios?», le preguntaba. "Ni siquiera parezco humano. No me lavo la cara. No me lavo el cuerpo. Huelo mal. No lavo mi ropa. No me desvisto para dormir. Tengo las manos entumecidas y agrietadas por el frío. Soy un judío sucio. Soy un animal. Bebo agua del río, la recojo con mis manos sucias como una bestia. Estoy descalzo. Me sangran los pies porque ahora ni siquiera tengo trapos para envolverlos».

Una vez, mientras dormía, me despertaron de repente. Como un animal, siempre estaba alerta a los intrusos. Pero este no era un asesino merodeando. Era un niño muy pequeño que deambulaba entre los arbustos. Parecía más joven que yo y estaba muy asustado. Mientras caminaba, miraba con cautela a derecha e izquierda. Salí con cuidado de mi gruta, le hablé en voz baja y le dije que no tuviera miedo. Le dije que yo era judío, como él. Vi que estaba hambriento y temblaba de miedo, así que le di un trocito de pan y se lo tragó con voracidad. Cuando vi que se sentía más cómodo conmigo, le pregunté de dónde venía. Me dijo que llevaba dos noches caminando. Había empezado a vagar cuando, al cabo de dos días, su padre no regresó a su escondite. Estaba seguro de que lo habían matado.

El chico, unos años más joven que yo, se llamaba Janek. No estoy seguro, pero creo que su apellido era Aranow. Me dijo que lo único que había comido en dos días habían sido bayas y setas porque tenía demasiado miedo de acercarse a una granja. Una vez más, me di cuenta de mi buena suerte al contar con la ayuda de Jasko. Me sentí casi feliz, lo más feliz que había sido desde que mataron a mis dos amigos. Volvía a tener a alguien con quien hablar. Mis noches y mis días a solas habían terminado, ¡y también los de Janek! Hablamos largo rato y le dije que quería ser artista o tener una tienda como mi padre. Me dijo que era un genio con los números, así que jugamos a algunos juegos matemáticos. Lo ponía a prueba pidiéndole que sumara o restara, y él pensaba detenidamente, calculaba y decía la respuesta correcta. Yo comprobaba sus respuestas escribiendo con un trozo de carbón sobre una piedra.

Janek me contó que su padre había sido contador en la ciudad donde vivían, pero su familia había huido a la cercana Kolomyia para esconderse con un granjero. Por desgracia, al poco tiempo, el asustado granjero les pidió que se marcharan. Su familia permaneció escondida en el bosque, pero una noche, cuando su madre salió en busca de comida, ya no regresó. Su padre iba a escondidas al pueblo a buscar algo de comer, y una noche tampoco volvió.

Le dije a Janek que estaba pensando en convertirme al cristianismo porque así quizá mi vida sería mejor. Mi problema era que no sabía cómo convertirme. Sabía que si Janek y yo nos convertíamos al cristianismo, ya no tendríamos que escondernos, y mi nuevo amigo pensó que era una idea brillante. Añadió que alguien podría adoptarnos y podríamos vivir en una casa. Decidí que pronto le pediría a Jasko que nos ayudara y, si teníamos suerte, incluso podría convertirse en mi padre si yo era cristiano.

Janek y yo planeamos construir un nuevo búnker. Fui a casa de Jasko para que me prestara su pala y buscamos en el bosque un lugar seguro para construir nuestro escondite. En mi guarida actual, era imposible cavar debido al suelo rocoso. Tras días y semanas de búsqueda, por fin encontramos un lugar que pensamos que sería seguro. El lugar estaba entre dos grandes rocas —cada una de casi dos metros de altura— que colindaban con una montaña. Era un espacio estrecho aunque suficientemente grande como para que nos acostáramos los dos. Conseguimos cavar profundo en la tierra entre las rocas. Hicimos nuestro búnker de un metro treinta de altura, casi un metro bajo tierra. Llevamos ramas grandes y gruesas y las pusimos paralelas para hacer el techo.

Camuflamos el tejado con capas de ramas de árbol, paja y hojas para que pareciera una prolongación de la colina. Trabajamos duro para asegurarnos de que el tejado no tuviera goteras. La entrada era muy pequeña y teníamos que arrastrarnos a gatas para entrar. Utilizamos un destrastado saco lleno de hojas para que no entrara el frío y encontramos un viejo tronco de árbol muerto para disimular la entrada.

Dentro, pusimos paja en el suelo. Habíamos aprendido que nunca debíamos encender fuego cerca de nuestro búnker. Solo nos calentábamos en una hoguera si estaba bastante lejos, y cambiábamos a diario la ubicación del fuego para evitar que nos detectaran. Siempre llevábamos el carbón sobrante del fuego a nuestro búnker y nos asegurábamos de tener una reserva de carbón en el interior de nuestro refugio para mantenernos calientes. La vieja olla de Kasia estaba sujeta al techo de nuestro escondite, y soplábamos en ella a través de los agujeros para asegurarnos de que el carbón ardiera. Añadíamos más carbón si hacía mucho frío, y cuando había una tormenta fuerte, no salíamos del búnker, salvo para buscar comida. Cuando salíamos, siempre cubríamos nuestras huellas en la nieve, para evitar ser detectados. Todas las noches nos quitábamos la ropa y la dejábamos sobre la nieve para sacudirnos los piojos por la mañana.

Janek era un niño pequeño, mucho más pequeño que yo. Yo solo era dos años mayor, pero a menudo me sentía como si fuera su padre porque ya había pasado por muchas cosas. Me sentía responsable de él. Siempre estaba asustado. Solo salía del búnker para traer agua del río, para cocinar o para hacer fuego. Recordaba, con dolor, cómo sus padres habían abandonado su escondite y nunca habían regresado. Estaba muy contento de no tener que estar solo nunca más, y realmente consideraba a Janek como mi familia ahora. Janek estaba convencido de que iba a morir, y a menudo me deprimía, pero yo nunca creí del todo que fuera a morir de verdad. Mi madre me había dicho que me salvara. Me dijo que viviera, y yo la obedecí.

«Boceto del búnker», por Maxwell Smart, *circa* 2010.

Estaba hambriento y cansado, pero tenía la sensación de que podía lograr algo y de que lo conseguiría, aunque no tenía ni idea de qué. Nunca sabía qué hora era, salvo a la salida y a la puesta del sol, tampoco sabía la fecha, ni siquiera el año, porque esas cosas no eran importantes para mí. Las únicas necesidades de mi vida durante la guerra eran tener comida, estar caliente, esconderme, que no me mataran y sobrevivir día a día. Pensaba y me comportaba como un animal: corría instintivamente cuando oía un ruido. Quería vivir, y creo que actué por instinto, el instinto de supervivencia, similar al comportamiento de un animal, que cuando oye un ruido se siente de inmediato en peligro y corre, aunque no sepa por qué.

Un amanecer, nos despertamos entre gritos, llantos, disparos y caos. Estábamos demasiado aterrorizados para salir de nuestro refugio porque la noche anterior había nevado y no queríamos dejar huellas. Nuestro búnker estaba muy bien escondido, habíamos almacenado algo de comida y teníamos carbón para mantenernos calientes durante unos días.

Después de unas horas de silencio, decidimos salir a investigar. Nos asomamos con cuidado por entre las ramas que ocultaban la entrada a nuestro refugio. Todo estaba tranquilo y había nevado, por lo que la zona alrededor del búnker estaba toda blanca de nieve. Me volví hacia Janek y le pregunté a qué creía que se debían los disparos. Salimos del escondite y empezamos a caminar. Me llevé una de las ramas para borrar las huellas de nuestros pies en la nieve.

Caminamos con cautela hacia el río, pero cuando llegamos a la orilla, vimos un espectáculo espantoso. Se había producido una masacre absoluta. El espectáculo era tan horrible que apenas podíamos mirarlo. La nieve estaba por completo teñida de rojo por la sangre. Había cuerpos esparcidos por todas partes. La gente probablemente había huido de los Banderowcy. Janek insistió en que nos alejáramos a toda prisa de allí porque aún podían estar cerca.

«¿Qué clase de gente puede ser tan cruel?», pensé. Según mi experiencia, los nacionalistas ucranianos odiaban a los judíos incluso más que los alemanes. Los alemanes les daban libertad para matar judíos sin reglas ni restricciones. Los nacionalistas no luchaban en una guerra de independencia por su país. Los judíos no habían ocupado su país ni derrocado a su gobierno, así que ¿por qué nos mataban? ¿Solo por placer? Si todos los judíos estaban muertos, ¿quién sería el siguiente? ¿Cómo podía haber gente tan indiferente, tan bárbara y llena de tanto odio hacia los judíos? Este lugar de la matanza fue horrible y superó todo lo creíble.

Me di cuenta de que ocho personas habían construido un búnker no muy lejos del nuestro, y no sabíamos absolutamente nada al respecto. Revisamos la zona y descubrimos que su refugio era bastante grande. Casi era posible estar de pie en su interior. Estaba muy bien construido y bien organizado. La madera con la que lo construyeron había sido cortada con una sierra. Cuando nosotros necesitábamos madera, recogíamos trozos rotos que encontrábamos en el bosque. Como no teníamos sierra, los colocábamos unos junto a otros al azar. En cambio, las piezas de madera de este búnker estaban bien hechas y la guarida estaba bien camuflada. Nunca hubiéramos descubierto la ubicación de su refugio, aunque debimos pasar por delante de él varias veces. ¿Cómo descubrieron los banderistas ucranianos su escondite? Alguien debió de haberles informado. Habría sido en extremo difícil encontrar por casualidad un búnker tan bien escondido en el bosque. Quizá fue un granjero quien les suministró alimentos o herramientas con las que construyeron su búnker. Habrían necesitado una gran cantidad de comida para alimentar a ocho personas, pero fuera cual fuera el motivo, al final los encontraron.

Éramos solo dos chicos jóvenes que necesitaban orientación mientras pensábamos qué hacer con tantos cadáveres. «¿Los dejamos aquí?», nos preguntábamos. «¿Los enterramos en el búnker?». Los dos decidimos que necesitábamos su ropa y sus zapatos, ya que nosotros no teníamos zapatos y nuestra ropa estaba rota y llena de agujeros. Llevábamos literalmente harapos, y su ropa estaba en relativo buen estado.

¿Teníamos miedo al estar rodeados de cadáveres? Yo no, sabía que no podían hacernos daño. Yo ya había visto cadáveres, pero para Janek era una experiencia nueva. Tenía la mirada perdida, como en trance. Estaba tan asustado por la masacre que tuve que sacudirlo con vehemencia para que volviera a la realidad. No paraba de gritarle que viniera a ayudarme a mover los cadáveres medio congelados. Había decidido arrastrar sus cuerpos hasta su búnker y quitarles algo de su ropa, en concreto, zapatos, pantalones y abrigos. Tuvimos suerte de que sus cuerpos aún no estuvieran congelados del todo, o no habríamos podido quitarles la ropa con tanta facilidad. Encontramos enseres útiles en su búnker: cucharas, tenedores y cuchillos de metal. Solo teníamos una cuchara de madera, que yo mismo había fabricado, así que tomamos con avidez lo que necesitábamos.

Fue una experiencia terrible trasladar los cadáveres, centímetro a centímetro, hasta su guarida. No había puerta principal; solo había una entrada camuflada no mayor que un pequeño agujero por el que meterse. Así que Janek entró en el búnker y yo empujé los cuerpos hacia la entrada. Luego él tiró de los cuerpos para introducirlos desde dentro. Antes, sin embargo, tuvimos que reunir todos los cadáveres y llevarlos a la entrada. Fue un proceso largo, difícil y agotador. Algunos de los muertos yacían boca arriba, con los ojos aún abiertos. Muchos estaban cubiertos de nieve y salpicados de sangre, y la sangre cubría nuestras manos. Fue agotador arrastrar todos los cuerpos porque pesaban mucho. También fue muy difícil quitarles la poca ropa que llevaban, pero lo conseguimos. Mientras tanto, temblábamos de frío. Una vez trasladados todos los cadáveres al búnker, bloqueamos la entrada con ramas para evitar que entrara algún animal y nos dispusimos a marcharnos. Este horror está grabado indeleblemente en mi memoria y no puedo borrarlo.

No sé por qué me di la vuelta antes de abandonar la zona, pero lo hice y vi un cuerpo medio sumergido en el río. El río tenía unos doce metros de ancho y sus orillas estaban cubiertas de hielo y eran muy resbaladizas. No era un río demasiado profundo, pero la corriente era fuerte, por lo que el centro del río no estaba helado. Parecía que una mujer había estado huyendo y había llegado a la otra orilla, pero le habían disparado por la espalda. La mitad de su cuerpo sobresalía del torrente y la otra mitad estaba cubierta de nieve. Janek y yo no sabíamos qué hacer, y nos debatimos sobre las ventajas de marcharnos lo antes posible. Pero mientras miraba el cuerpo, ¡algo se movió! ¡La mujer estaba viva! Sentimos que teníamos que ir al otro lado y ayudarla. Nuestra moral no nos permitía abandonar a una persona que seguía viva en el agua; teníamos que intentar ayudarla. Recuerdo a Janek llorando y diciendo que el agua estaba demasiado fría, que se estaba congelando y que tenía miedo de morir. Lo tomé de la mano y juntos nos zambullimos en el agua, aferrándonos el uno al otro para que la corriente no nos doblegara. Teníamos tanto frío que se nos entumeció el cuerpo y no estaba seguro de que fuéramos a sobrevivir. Pero nos arrastramos sobre el hielo y avanzamos chapoteando hasta que por fin llegamos a la otra orilla.

Enseguida me di cuenta de que no era la mujer la que se había movido. Era una niña muy pequeña, probablemente de solo dos años. Su cuerpo estaba por completo cubierto de nieve, pero se mantenía entre los brazos helados de su madre, justo por encima del agua. Fue una suerte increíble que no muriera congelada: el cadáver de su madre la había protegido del viento y, de algún modo, seguía viva. No podía creer que hubiera sobrevivido. Cuando la bebé nos oyó, empezó a llorar histéricamente. Me costó arrancarla de los brazos helados de su madre, pero lo conseguí. Cada minuto que permanecíamos en el agua helada aumentaba el peligro para nosotros, así que con un brazo apreté a la criatura contra mi pecho y con el otro sujeté a Janek y cruzamos tan rápido como pudimos y salimos del frío río. Tuvimos que dejar el cuerpo de la mujer en la orilla, justo donde la encontramos.

Por supuesto, ahora nuestra ropa estaba del todo congelada, pero tuvimos mucha suerte porque aún no nos habíamos puesto la ropa que sacamos de los cadáveres. Nos metimos en el gran búnker y hacía mucho más calor que fuera. Entonces desvestimos a la bebé y nos desvestimos nosotros lo más rápido posible y arrojamos nuestra ropa vieja y mojada sobre los cadáveres. Nos volvimos a vestir con la ropa seca. Fue un alivio estar secos y relativamente calientes. Nos sentamos cerca el uno del otro para intentar entrar en calor, y colocamos a la bebé, que seguía llorando, entre nosotros para que también entrara en calor. La ropa seca era cálida, pero todos los zapatos, aunque estaban en condiciones razonables, eran demasiado grandes. Envolví algunos trapos alrededor de mis pies para que no se me saliera el calzado. Me alegré mucho de tener por fin zapatos, porque había llevado trapos en los pies durante mucho tiempo.

Necesitábamos hacer fuego, así que busqué en el búnker cualquier cosa que se me hubiera pasado por alto antes, ya que nos habíamos distraído mientras llevábamos los cuerpos al interior. Ahora me di cuenta de que este grupo de personas tenía muchas más posesiones que nosotros —almohadas, mantas, ollas, velas y cerillos—, así que tomamos todo lo que pudimos cargar. Durante nuestra búsqueda también encontramos patatas cocidas, algo de harina, cebollas, dos barras de pan y la mitad de un saco de patatas. Era comida suficiente para alimentarnos durante varias semanas. ¡Menudo tesoro! Por desgracia, fue a costa de la muerte de otras personas.

Para entonces, el sol empezaba a salir. Encontramos leña seca detrás del búnker y encendimos un fuego. Llenamos una de sus ollas con nieve, cortamos la papa cocida en rodajas, añadimos harina y esperamos a que la sopa hirviera. La bebé seguía llorando y llegamos a la conclusión de que debía de llorar porque tenía hambre. Antes de que el agua hirviera, le di un poco de papa cocida y ¡dejó de llorar! Todos comimos y, gracias a Dios, la niña se durmió enseguida. Janek seguía temblando y no conseguía entrar en calor, por muchas capas de ropa que llevara. Quería volver a nuestro búnker, así que caminamos con la criatura en medio del bosque helado. Una vez más, tuvimos que ir con mucho cuidado porque estaba nevando y no queríamos dejar huellas.

Cuando llegamos a nuestro búnker, hacía calor y el carbón seguía encendido en su olla colgante. La niña comió un poco de la sopa que habíamos preparado y volvió a dormirse, pero teníamos que decidir qué hacer con ella porque apenas podíamos cuidar de nosotros mismos. Decidí pedirle ayuda a Jasko, porque tal vez él pudiera hacerse cargo de la niña. Cuando le pedí consejo, me contestó que debíamos buscar en el bosque a otros judíos escondidos que pudieran cuidar de ella. Me explicó que la criatura podía plantear un grave problema, ya que su llanto podría facilitar nuestra o su detección. Kasia me dijo que no podían cuidar de la niña porque todo el mundo sabría que no era suya. Acordamos que lo mejor sería buscar a otros judíos que estuvieran escondidos cerca. Le pregunté a Jasko si sabía de algún otro pueblo donde pudiera haber judíos escondidos. Sabía de algunos judíos escondidos en pueblos polacos no muy lejos de nuestra casa. Estaba bastante seguro de que encontraría a alguien que accediera a cuidar de la niña, aunque su llanto podría haber sido la razón de que encontraran a los demás. Por desgracia, la pequeña lloraba muy a menudo. Como es natural, estaba asustada y quería a su madre. No sabíamos qué hacer con ella. Aquella noche fue muy difícil porque la niña apenas dejaba de llorar y Janek no paraba de temblar; creo que se resfrió con el río helado. Estábamos muy asustados. Pensábamos que la bebé podía estar enferma, y recordé las palabras de mi madre sobre otras mujeres que llevaban almohadas a los búnkeres del gueto. Había historias horribles de madres que tenían que asfixiar a sus propios hijos para que el llanto no alertara a los nazis o a los ucranianos de su escondite.

Entonces recordé que cuando mi hermana pequeña lloraba en la cuna en casa, mi madre siempre le revisaba el pañal. Destapamos a la niña y estaba empapada de orina y heces y olía fatal. No sabíamos exactamente qué hacer y no teníamos agua para limpiarla. Tiré los trapos estropeados que le habían servido de pañales, la limpié con algunos de los trapos que traje de su búnker y la volví a abrigar. Dejó de llorar.

Decidí que al día siguiente empezaría a buscar personas que pudieran cuidar de ella. Cuando me desperté, me abrigué bien, me metí una papa cocida en el bolsillo y empecé a caminar. Había recorrido unos tres kilómetros cuando oí el sonido de la campana de un trineo tirado por caballos. Supuse erróneamente que se trataba de un granjero amistoso y pensé que tal vez podrían llevarme.

Por desgracia, era la policía ucraniana. Cabalgaron a mi lado mirándome atentamente a la cara y luego gritaron alegremente: «¡Hemos atrapado a un judío!». Me ataron a su trineo, y como no podía correr tan rápido como el caballo, simplemente me arrastraron. Es curioso, pero en realidad era más fácil ser arrastrado que correr, ya que el suelo estaba cubierto por unos cuantos metros de nieve.

Al cabo de un rato, nos detuvimos en una casa donde vivía la novia de uno de los policías. Él estaba orgulloso de mostrarle que había capturado a un judío, sabiendo que recibiría una recompensa por esa tarea. Ella salió de la casa y me miró con simpatía. Luego se volvió hacia él y le preguntó qué estaba haciendo. Le dijo que yo era solo un niño y le rogó que me desatara y me llevó a la casa. ¡Qué suerte tuve! Esta joven me salvó la vida; me salvó de ser encarcelado, golpeado y posiblemente asesinado. Me dolía todo el cuerpo de tanto arrastrarme y las manos me sangraban mucho por las cuerdas con las que me habían atado al trineo. Esta amable mujer trajo un pequeño paño, me limpió las muñecas sangrantes y me las vendó. Mientras tanto, gritaba y discutía con los policías por hacer algo tan cruel con un niño. No dejaba de pensar en los problemas que tenía ahora tan solo por haber salvado a una niña. Cuando terminó de vendarme las muñecas, abrió la puerta trasera de la casa y me dijo que corriera hacia el bosque. Salí corriendo de la casa y no miré atrás, aunque sospechaba que la policía me dispararía por la espalda, como le dispararon a la madre de la niña que rescatamos.

Me detuve en una lepianka cercana para preguntar si alguien sabía dónde se escondía algún judío. En una de las casas, una mujer no me dejó entrar, pero me dio un trozo de pan y respondió que no lo sabía, mientras señalaba en cierta dirección.

Poco después de salir de aquella casa, un hombre vino corriendo detrás de mí y me preguntó de dónde era. Era judío, pero no vestía como tal, sino como un campesino polaco. Me pareció que venía de la casa de la mujer que me había dado pan. Me preguntó qué hacía aquí y le conté toda la historia de la gente del búnker y de la pequeña. Me guio hacia el interior del bosque y parecía que conocía bien la zona. Nos acercamos a su búnker, que parecía una prolongación natural de la montaña, similar a la que compartíamos Janek y yo, y entramos agachados. Me encontré con unos judíos sentados dentro sobre paja, en el suelo. Les conté mi historia y les dije que necesitaba ayuda con la niña que habíamos encontrado, y luego les describí dónde se encontraba el gran búnker y cómo había encontrado a la bebé. Un hombre mencionó que había ayudado a construir ese búnker y me hizo un gesto para que esperara mientras él salía. Volvió rápidamente con una mujer que estaba histérica y llorando, diciendo que la bebé era hija de su hermana. Discutieron entre ellos y decidieron partir a la mañana siguiente.

Para mí era muy reconfortante escuchar a adultos que tomaban decisiones y me decían lo que tenía que hacer. La gente con experiencia sabía mucho más que yo. Hablaban de la guerra y decían que estaba a punto de terminar, que los alemanes se retiraban rápidamente, y yo pensaba que tal vez viviría para ver el final de la guerra y volver a casa. Me advirtieron que ahora debería de tener mucho cuidado porque los ucranianos estaban muy enfadados; tenían que retirarse con los alemanes o ser arrestados. También me informaron que en el bosque, alrededor de este pueblo en concreto, había unos cincuenta o sesenta judíos en diferentes refugios.

Los judíos que se escondían cerca del pueblo colaboraban con los campesinos polacos para proteger la zona de los banderistas, cuyo objetivo era quemar todos los pueblos polacos. Los polacos y los judíos montaban guardia durante toda la noche. Era muy interesante escuchar sus conversaciones. Los judíos ayudaban a los granjeros cristianos polacos y, a cambio, los granjeros ayudaban a los judíos. Decidí que sería una buena idea que Janek y yo nos quedáramos con ellos porque ambos necesitábamos el apoyo de los adultos.

Los judíos de este búnker estaban más limpios; todos llevaban zapatos y nadie vestía harapos. Hacía tiempo que no veía a tantos judíos en un mismo lugar y estaba ansioso por conocerlos a todos. Existía la posibilidad de que alguien me reconociera y, con suerte, de que incluso conociera a algún miembro de mi familia.

En uno de los refugios comimos un trozo de pan y una abundante sopa hecha con harina de maíz, y luego salimos a montar guardia por la aldea. Cuando oscureció, me dieron un palo y un cubo de metal, y me dijeron que si veía u oía algo, de inmediato empezara a hacer ruido. No vi a nadie más que a judíos. Vigilaban el pueblo desde varios lugares y trabajaban toda la noche. Después de haber estado fuera unas dos horas en el frío, algunos granjeros salieron y nos invitaron a sus casas. Nos dieron comida y nos quedamos en una casa calentándonos. Tomamos un poco de alcohol casero, volvimos a estar fuera unas horas y regresamos de nuevo a la casa del granjero para entrar en calor. Estaba muy contento de estar con aquellos judíos. Estaban organizados y había un sentimiento de comunidad. Les pregunté cuándo podrían empezar a cuidar de la niña y si Janek y yo podíamos quedarnos con ellos. Volvimos a su búnker al amanecer para descansar, y me informaron que me despertarían cuando el grupo estuviera listo para partir por la mañana. En su búnker vivían siete u ocho personas, todas adultas. Me dijeron que muchos de ellos eran parientes.

Me despertaron por la mañana y nos preparamos para el viaje para recuperar a la pequeña. Yo iba por la carretera principal, pero ellos solo utilizaban caminos ocultos en el bosque. Tardamos casi toda la mañana en llegar al búnker donde Janek y yo habíamos metido los cadáveres. También les mostré el cadáver de la mujer al otro lado del río, que seguía allí con medio cuerpo en el agua helada. Volví a contarles la historia de Janek y yo cruzando el río y rescatando a la bebé y cómo, por desgracia, no pudimos sacar a la mujer del agua porque nos costaba demasiado. Lo entendieron y, sin dudarlo, dos hombres entraron en el agua y sacaron a la mujer. La hermana de la mujer empezó a llorar cuando metieron el cuerpo en el búnker. Querían derrumbar el búnker para evitar que lo detectaran, pero era demasiado difícil porque estaba bien construido, así que decidieron dejar los cuerpos dentro, y se limitaron a bloquear la entrada con ramas y rocas y cualquier otra cosa que encontraron.

Después nos fuimos y nos dirigimos a mi pequeño búnker, donde encontramos a la niña, sentada junto a Janek, quien se quejaba de que seguía teniendo mucho frío y no se encontraba nada bien. Pregunté a los mayores para ver si sabían qué le pasaba. Me dijeron que parecía tener fiebre, y les expliqué que probablemente había enfermado mientras estaba en el agua intentando salvar a la bebé. Volví a pedirles que nos dejaran quedarnos con ellos en su búnker, pero se negaron diciendo que era demasiado pequeño para dos personas más. Prometieron que preguntarían a otras personas de otro búnker si tenían sitio para nosotros. Les rogué que ayudaran a Janek, y me dijeron que le diera agua caliente y lo mantuviera abrigado, y como era joven, dijeron, debería estar bien. Se fueron con la niña, pero no recuerdo que su tía me diera las gracias por salvarla. Esa bebé nos había causado muchos problemas, y tuve la sensación de que estaban molestos con nosotros porque no nos dejaron comida. Habían visto que Janek estaba muy enfermo y sabían que era porque había intentado salvar a la niña. La policía ucraniana casi me había matado tras arrastrarme con el trineo tirado por caballos, y todavía me dolía el cuerpo y tenía las manos en carne viva por las cuerdas. Parecía que no apreciaban lo que habíamos hecho; parecían indiferentes y carentes de emoción. En retrospectiva, pensé en lo mucho más fáciles que habrían sido nuestras vidas si no hubiéramos intentado salvar a la bebé, pero era incapaz de dejar morir a una criatura. Estaba seguro de que sería un gran problema para ellos porque a nosotros nos había causado muchas dificultades.

Yo también estaba enfermo, aunque no tenía fiebre. Me había salido una infección en la pierna izquierda y no se me había curado. Sospecho que era una picadura de insecto que me había rascado y empeorado. No podía mantenerla limpia y no tenía material médico, así que siempre supuraba. Le pregunté a Jasko si podía recomendarme algo para curarla y me dijo que me aplicara una hoja. Mientras pudiera caminar, pensé, y el dolor fuera mínimo, creí que estaría bien. Cuando me liberaron y un médico me trató, la situación mejoró en poco tiempo, pero el daño ya estaba hecho.

Antes del tratamiento, tenía la pierna hinchada desde el tobillo hasta la ingle. Desde entonces tengo que llevar una media de soporte.

Fue un alivio estar a solas con Janek. Nos quedamos en el búnker. Teníamos comida y ropa, y utilizábamos todas las prendas que no llevábamos puestas para cubrir el suelo sobre el que dormíamos, ya que siempre estaba húmedo dentro. Estábamos relativamente a salvo, y la nieve fresca nos protegía porque no había huellas que condujeran a nuestro búnker.

Hacía mucho frío y Janek parecía no mejorar. Se veía enrojecido y ardía de fiebre. Seguí dándole agua y tratando de mantener caliente el búnker. Después de unos días más, le dije a Janek que tenía que salir por la noche, cuando estuviera dormido, ir a ver a Jasko y preguntarle qué podía hacer para ayudarlo. Con un poco de suerte podría conseguirle algún medicamento y yo volvería por la mañana. No me gustaba nada salir en la oscuridad, aunque no les temía a los animales porque eran más pequeños que yo y nunca había visto animales grandes donde yo me escondía. Por la noche, caminar entre los árboles me ponía ansioso, por no decir otra cosa. El viento que soplaba entre las ramas desnudas de los árboles producía ruidos extraños y aterradores, pero yo seguía caminando, intentando convencerme de que no tenía miedo.

La distancia entre nuestro búnker y la casa de Jasko era de unos pocos kilómetros, pero en el oscuro y frío invierno, a través de espesos arbustos y ramas que sobresalían de las partes blandas de la nieve, era una caminata difícil y me caía con bastante frecuencia. Muchas veces me dieron ganas de quedarme en el suelo y rendirme.

El pequeño Janek rara vez salía del búnker porque tenía mucho miedo, y aunque a mí no me importaba recorrer la distancia cuando era necesario, era una agonía estar solo. Sentía que no quería volver a estar solo. Tenía mucho miedo la mayor parte del tiempo; no era un héroe, era un niño, no mucho mayor que Janek, pero intentaba ser como un padre para él, y él confiaba en mí como en un padre, un protector. Con suerte, Jasko sabría qué hacer. Aquel invierno hacía frío, mucho frío, y el carbón que usábamos para calentar el búnker se estaba acabando con rapidez. Sabía que necesitaría hacer un fuego cuando regresara.

Cuando llegué a casa de Jasko, él no estaba, pero Kasia estaba muy ocupada. Hacía poco que Jasko había matado a su cerdo y Kasia lo estaba cortando y preparando para Navidad, para la que solo faltaba una semana. Creo que Jasko solo comía carne una vez al año. Kasia me pidió que le ayudara a limpiar el establo, a quitar el estiércol y a poner paja fresca. Me trajo algo de comida y recuerdo que olía tan increíblemente bien que durante un rato dejé de preocuparme por Janek. Jasko llegó tarde a casa. Estaba borracho, y Kasia me pidió que me quedara para que pudiera ayudarla por la mañana. Era una buena cocinera y yo estaba contento. Comí e incluso bebí algo con Jasko. Le conté toda la historia de la bebé y de la fiebre alta de Janek. Jasko dijo que podía ser escarlatina y que iría al pueblo a intentar conseguir algo para ayudarlo. Como la segunda noche ya era muy tarde, me fui a dormir a su granero en vez de hacer el largo camino de vuelta a mi búnker. Kasia me dio una manta porque hacía un frío insoportable, pero yo no dejaba de pensar en Janek, solo en el búnker y enfermo. Sabía que se volvería loco, sin saber dónde estaba y si iba a volver.

Por la mañana le dije a Jasko que tenía que volver a mi escondite porque Janek estaba solo en el búnker. Me dieron algo de comida y volví al lugar donde había dejado a Janek, pero cuando llegué, me encontré con que la entrada estaba descubierta, el carbón no estaba encendido, hacía frío en el interior y Janek no estaba allí. Miré a mi alrededor y no faltaba nada. Esa noche había nevado y había entrado bastante nieve en el búnker. No sé cuándo, pero Janek debió salir del búnker mientras yo no estaba. Limpié, cerré la entrada, llené la vieja olla de carbón y la encendí.

Dentro hacía más calor, pero sabía que tenía que encontrar a Janek. Me preguntaba dónde podría estar, así que busqué en todos los sitios a los que solíamos ir. Fui al río donde íbamos por agua, pero no estaba allí. Tomé el camino que llevaba a casa de Jasko, porque pensé que podría estar buscándome, pero no lo encontré. Probé otro camino y tampoco había rastro de él, así que volví al búnker para comer algo. Aún era de día, de modo que esperaba que volviera pronto. Esperé y esperé, pero tenía la extraña sensación de que algo había ocurrido. Me preocupaba que, como tenía mucha fiebre, hubiera salido a refrescarse, y estaba seguro de que no habría ido muy lejos. Salí a buscarlo de nuevo, pero hacía mucho frío, así que volví para entrar en calor.

Al cabo de poco tiempo, salí de nuevo a buscarlo. Esta vez fui al otro extremo del búnker, donde nunca íbamos, y a poca distancia lo descubrí tendido en el suelo cubierto de nieve. Solo vi una pequeña parte de su cuerpo donde el viento se había llevado la nieve. De inmediato arrastré a Janek a nuestro búnker, donde ahora hacía bastante calor. Intenté cogerle la mano, pero no pude porque la tenía rígida, y le miré la frente para ver si aún tenía fiebre, pero la sentía como un bloque de hielo. Calenté aún más el búnker, pero seguía sin moverse. Recé para que no estuviera muerto, porque no quería volver a quedarme solo. Decidí dejarlo en el búnker y volver con Jasko para preguntarle si había encontrado alguna medicina que pudiera ayudar a Janek. No quería molestar a Jasko, pero en realidad no tenía otra opción, ya que no sabía qué hacer. Por suerte, Jasko estaba en casa. Por primera vez, Jasko se ofreció a acompañarme al búnker. Me quedé bastante sorprendido y algo preocupado porque nunca había ido conmigo. Cuando llegamos al búnker, se quedó asombrado de que hubiera construido un búnker tan bien camuflado y me elogió.

Cuando entró en el búnker, salió de inmediato y me dijo que Janek había muerto. Me quedé de piedra y no supe qué responder, porque no esperaba que me dijera eso. Empecé a llorar y, cuando miré a Jasko, vi que él también lloraba. Se compadeció de mí porque sabía lo mucho que Janek había significado para mí, y sabía con cuánta desesperación yo había querido revivirlo.

Una vez más, estaba solo. Sabía que no podía volver a vivir completamente solo, y estaba decidido a no hacerlo. Buscaría y encontraría a la gente del pueblo, en concreto a la tía de la bebé que Janek y yo habíamos salvado, con la esperanza de que me dejara quedarme con ella. Me asusté y me perdí en mi tristeza y soledad. Jasko no derrumbó el búnker, solo bloqueó la entrada con más seguridad. Esta vez sellamos el búnker, dejando a Janek dentro sobre el heno; el búnker se convirtió en su tumba.

Incluso en los tiempos más bárbaros,
una chispa de humanidad brillaba en el corazón más rudo,
y los niños se salvaban. Pero la bestia hitleriana es muy diferente.
Devoraría a los que más queremos, a los que despiertan
mayor compasión: nuestros inocentes niños.

EMANUEL RINGELBLUM, 1942

Inicia el viaje errante

Jasko trató de tranquilizarme diciéndome que los soviéticos avanzaban y los alemanes retrocedían y que la guerra no tardaría en terminar. Me costó creerle y pensé que si la libertad estaba tan próxima, ¿por qué había tenido que morir Janek? Se me rompió el corazón y volví a preguntarle a Dios: «¿Por qué?». Estaba muy enfadado por la muerte de Janek y, a pesar de estar cerca de la libertad, lloré a gritos, tanto de rabia como de tristeza.

Se acercaba la Navidad y Jasko me dijo que la policía ucraniana se había marchado y que podía volver a quedarme en su casa. Pasaron los meses. Entonces, una noche, llegó a casa borracho y emocionado, diciéndome que el ejército soviético estaba en Búchach y que yo era libre y ya no tenía que esconderme. Cuando oí la noticia, se me saltaron las lágrimas, lo besé y corrí hacia Kasia. La abracé y luego le pregunté si sería posible que Jasko me llevara de vuelta a Búchach.

Salimos para la ciudad a principios de abril de 1944. Yo tenía casi catorce años y era muy afortunado por haber sido liberado. Había desafiado las probabilidades y había sobrevivido y me había salvado. Creía que mi madre había contribuido de algún modo a mi supervivencia.

Recuerdo que me senté en la carreta con Jasko en el banco delantero, sin esconderme, como un ser humano normal, y por primera vez en todos los años de guerra no sentí miedo. No había alemanes, ni policía ucraniana, ni banderistas. Ya no era solo un judío. Era un ser humano. Era tan dramáticamente diferente de la forma en la que había llegado a casa de Jasko, en la parte trasera de otra carreta, escondido y cubierto de heno.

Mis años de clandestinidad habían sido horribles, de pesadilla. Mientras conducíamos, me atreví a albergar la esperanza de que alguien de mi familia me estuviera esperando para recibirme. Ahora me sentía tan cerca de la libertad. Le dije a Jasko que si alguien de mi familia seguía vivo, se lo recompensaría. Pero la libertad no llegó como yo esperaba. A unos cinco kilómetros de Búchach, vimos que los aviones alemanes seguían atacando al ejército soviético y que los soviéticos se retiraban.

La ciudad de Búchach, mi ciudad, había sido liberada a finales de marzo, y yo pensaba que volvía a casa. Sin embargo, ahora estaba ocupada de nuevo por los alemanes, y esta vez las circunstancias eran aún peores. El frente de la guerra pasaba por Búchach, y en el corazón de la ciudad, junto al río Strypa, se intercambiaban disparos. A un lado de la ciudad estaban los rusos; al otro, los alemanes. Los habitantes del lado ruso de la ciudad, donde yo me encontraba, eran los afortunados. En el lado ruso, uno podía moverse con libertad, pero en el lado alemán, todos los habitantes habían sido evacuados y reubicados. Los alemanes habían destruido la mitad de la ciudad y matado a todos los judíos que habían salido de sus escondites.

Era abril y hacía mucho frío. Le pregunté a un soldado ruso si podía seguir al ejército en retirada y accedió. Había muchos civiles entre los soviéticos en retirada, y hablé con una mujer que caminaba despacio, agarrada a un carro. Le pregunté si era judía y me dijo que sí. Al parecer, todos, o la mayoría de los civiles de la cola, eran judíos; habían decidido irse con los rusos porque no podían arriesgarse a ser controlados por los alemanes una vez más. Tenían un miedo comprensible a que los mataran.

Había unas treinta personas siguiendo al ejército en retirada, y le pregunté a la mujer si sabía de otros judíos que aún vivieran en Búchach. «No muchos», respondió, «pero tenían varios lugares buenos para esconderse, así que algunos se quedaron». Le pregunté si conocía a alguien de mi familia y le di mi apellido. Por desgracia, no conocía a nadie, y admitió que en realidad no era de Búchach. Más tarde les pregunté a otras personas de la cola de judíos, pero tampoco conocían a mi familia, a pesar de que algunos de ellos sí eran de Búchach.

Me resultó muy difícil, pero me acerqué a Jasko para despedirme. No tenía espejo para ver mi aspecto real, pero me imaginaba que me veía como yo veía a Janek: un niño pequeño, desnutrido, siempre hambriento y que vestía con harapos demasiado grandes. Me parecía que volver a casa de Jasko sería volver a una vida difícil, pero sencilla. Jasko intentó convencerme de que me quedara con él hasta que la guerra terminara del todo, pero decliné su invitación. Ahora que sabía que la mayoría de los que caminaban con los rusos eran judíos, decidí ir con ellos.

No quería seguir escondiéndome y no quería llevar la vida que llevaban Jasko y Kaisa. No quería parecer un pobre chico polaco ni vivir en una casa de una sola habitación. Quería ser libre y vivir en una casa bonita y, con suerte, recuperar mi calidad de vida anterior. Llevaba mucho tiempo asustado. No sabía lo que me iba a pasar, pero esperaba que todo fuera mejor de lo que había sido. Le di las gracias a Jasko por haber sido siempre tan generoso y amable. Me había alimentado y cuidado, y sabía que sin él, no habría sobrevivido. Entonces me dijo que lo había hecho porque yo le simpatizaba, y que muchas veces había deseado que yo hubiera sido su hijo. Nos despedimos y nunca volví a ver a Jasko. Lo siento mucho. Me hubiera gustado mucho verlos a él y a Kasia, pero las circunstancias no me lo permitieron.

Desde el aire, atacaron a soldados y civiles en retirada. Los bombarderos en picado, *Stuka*, lanzaban bombas y ametrallaban a hombres y mujeres que se escondían cerca de la carretera. Los aviones volaban bajo y las balas asperjaban la zona. Todos huían a los campos, pero los aviones regresaban una y otra vez. Tras varias oleadas de ataques, la carretera y los campos cercanos quedaron sembrados de cadáveres. El ejército recogió a sus soldados —vivos o muertos—, pero solo recogió a los civiles heridos, y los colocó en un vehículo. Me senté en el carro junto a una mujer herida. Era claro que sufría y me tomó la mano con fuerza. Unos kilómetros más adelante, el convoy se detuvo cerca de una escuela. Los heridos, soldados y civiles, fueron trasladados a la escuela de Búchach, convertida en hospital de campaña.

Habían levantado una gran tienda y había militares por todas partes. Distribuían comida a los soldados desde una cocina de campaña. Le pregunté al cabo que distribuía la comida si yo también podía comer y me preguntó cuántos años tenía. Le contesté que tenía catorce años, que era judío y que los alemanes habían matado a mi madre, a mi padre y a toda mi familia. Para entonces, aunque no lo sabía con seguridad, suponía que estaba solo en el mundo. Me preguntó si tenía cantimplora y, cuando le dije que no, me dio la suya y me la llenó de carne y sopa. Me dio una gran porción de pan y me dijo que me sentara en un rincón, detrás de la cocina, y que hablaría conmigo más tarde.

Cuando terminó de servir la comida, el soldado se acercó a mí y me dijo que él también era judío y que me ayudaría. Me llevó a la escuela y me presentó a un oficial. Hacía mucho calor en la escuela. Yo había estado casi congelado en el frío exterior. El soldado le dijo al oficial que yo era judío y que toda mi familia había sido asesinada. El oficial dijo que tenía un niño de mi edad en casa y sonrió. Luego me inspeccionó de pies a cabeza. Sabía que no tenía buen aspecto con mi abrigo raído, roto y demasiado grande, mis zapatos atados con cuerdas y mis manos rojas y en carne viva por el frío. Mi cara estaba toda sucia, pues llevaba meses sin lavarme. Mi aspecto era patético. Me miró un rato en silencio. Luego le dijo a uno de los soldados que tenían que limpiarme, llevarme a los almacenes del ejército y vestirme adecuadamente, y asegurarse de tirar todos mis harapos porque lo más probable era que estuvieran infestados de piojos.

Me llevaron a una habitación llena de ropa. El soldado me dijo que me desvistiera y me dio ropa interior larga, calcetines, un par de pantalones, una camisa, una *kufajka* (abrigo acolchado), un gorro con orejeras, guantes, una bufanda y calcetines y ropa interior de repuesto. También me proporcionó una cantimplora, un tenedor y una cuchara. Casi parecía un soldadito. Me llevó ante el oficial, que estaba encantado con el resultado. Me dijo que podía quedarme con él unos días y que luego decidiría qué hacer conmigo.

Nunca olvidaré lo feliz que me sentí cuando me llevó a la casa donde se alojaba. Me dio una barra de jabón y me dijo que me bañara. Hacía más de dos años que no me bañaba, ¡y ahora había agua caliente y jabón! No podía creer que por fin estuviera en un cuarto de baño con agua caliente y toallas blancas colgadas de ganchos. Había un espejo en la pared, y después del baño me miré por primera vez en años. Estaba limpio y vestido como un soldadito y no como un «sucio judío». Qué diferencia monumental podía suponer en mi vida un solo día: la diferencia entre esconderme, asustado, en el bosque, y luego, en un marcado contraste, ser libre y estar en este baño limpio y luminoso con agua caliente corriente. Con solo unas horas de interés por parte de una persona servicial y amable, pasé de animal a un ser humano.

Pensé en Janek y me entristecí al darme cuenta de que si hubiera sobrevivido unos meses más, estaría aquí a mi lado, disfrutando de la libertad y con el estómago lleno. Pensé que tal vez había sido una equivocación por mi parte meterme en el agua para salvar a la bebé. Si le hubiera hecho caso y hubiera dejado a la madre y la niña, tal vez estaría vivo. Pensé que su muerte había sido por mi causa y me sentí culpable.

Permanecí con las fuerzas soviéticas durante unos días, pero los sonidos de la guerra continuaban. El amable oficial ruso me dijo que estábamos en peligro: la línea del frente estaba cerca y los alemanes seguían intentando avanzar. Consiguió que me subiera a un convoy de camiones que iba a Chernovtsy, Rumanía (actual Chernivtsi, Ucrania), ya que había muchos judíos en esa ciudad. Me dio unos rublos y le ordenó al conductor que cuidara de mí.

Había seis camiones en el convoy con dos conductores en cada uno. Iban a recoger suministros a Chernovtsy, y los conductores me dijeron que me sentara al frente con ellos. Eran poco más de cien kilómetros, pero me pareció un viaje muy largo y me quedé dormido. Cuando me despertaron, estábamos en el depósito de suministros, y allí pasé la noche.

Por la mañana, el conductor me preguntó si quería dar una vuelta por la ciudad. Me aseguró que conocía bien la zona, condujimos hasta Chernovtsy y nos detuvimos en el mercado negro. Fue una experiencia nueva para mí. El conductor sacó una bolsa del jeep y extrajo algunos objetos, dos botas militares y una manta, y los cambió por botellas de vodka. Me confesó que no era la primera vez que participaba en una transacción de este tipo. El comprador me preguntó si era el hijo del conductor, y él respondió que sí. Me pareció muy amable de su parte responder que yo era su hijo. Empecé a sentir que tenía valor, que pertenecía a algo. En el depósito de suministros, el conductor me pidió que no le contara a nadie sobre este intercambio. Al mismo tiempo, me dijo que si tenía algo que vender, este hombre era un buen comprador.

Al día siguiente, cargaron los camiones con suministros y se dirigieron al frente. Antes de partir, el conductor le dijo al oficial a cargo del depósito que tenía ciertas órdenes; le entregó una carta y le dijo que me dejara dormir en el depósito de forma temporal hasta que encontrara un lugar donde vivir. No sé cómo agradecerle su generosidad y su ayuda. Nunca volví a verlo.

Una vez que estuve libre, abrigado y sin hambre, pensé muchas veces en Jasko. Si no hubiera sido por Jasko, que me había tratado como a un hijo, yo no estaría vivo. Le estaba muy agradecido por haber cuidado de mí sin cobrar. Lo hacía de corazón; quería lo mejor para mí. Sobreviví a la guerra bajo la protección de Jasko. Me alimentaba con la poca comida que tenía, y en realidad no tenía mucha. Lo compartía todo conmigo. No es que comiera carne y me diera pan duro; su comida diaria era la misma que la mía. Cuando pensaba en Jasko, me daba cuenta de lo feliz que se sentiría si me viera ahora, tan limpio y tan bien vestido.

Recuerdo que pensé: "¿Extraño a Jasko? No tengo a nadie. Quizá debería volver con Jasko y vivir con él y su familia. ¿Y si no queda nadie vivo de mi familia? ¿Quedará alguien vivo de mi familia?». Todas estas preguntas pasaban por mi cabeza a la vez.

Ahora estaba libre de los alemanes, de los ucranianos y de la propia guerra. Estaba en Chernovtsy, Rumanía, la ciudad más grande que había visto nunca. Había muchos edificios altos, calles pavimentadas, parques, un teatro y un gran mercado negro.

Cuando me enteré de que iba a ir a Chernovtsy, me sentí muy emocionado. Tenía dos tíos por parte de mi madre que vivían allí. Recordaba que uno de los tíos visitaba a mi abuelo en Búchach y que una de sus dos hijas tenía mi edad. Ahora creía que me reuniría con miembros de mi familia. Pregunté a mucha gente en el mercado, pero nadie había oído hablar de los Kissel. Entonces fui al ayuntamiento a pedir un permiso para vivir temporalmente en Rumanía y pregunté por el apellido Kissel. No recordaba muchos nombres de pila, pero eso no tenía importancia. En los registros municipales no figuraba ningún Kissel, pues era probable que hubieran vivido en los alrededores. Mi entusiasmo por volver a ser miembro de una familia duró poco. Nunca encontré rastro alguno de los Kissel en Rumanía.

Por otro lado, me encantaba la sensación de una gran ciudad. Empecé a comerciar en el mercado negro, igual que el soldado ruso que me llevó a Chernovtsy, cambiando ropa por vodka, ¡y luego vodka por ropa! Incluso vendí mi propia ropa y me compré un traje, zapatos, una camisa y una corbata. Pronto acumulé algo de dinero gracias al comercio en el mercado negro. De hecho, me había ido tan bien que me compré un anillo de oro con lo que creo que era una piedra de aguamarina, y también me compré un reloj. Me sentía y me veía próspero. Siempre llevaba una botella de vodka, no para beber, sino para vender. Me quedé en Chernovtsy cerca de un año y conocí a mucha gente a través del mercado negro, donde vendía una variedad de mercancías. En aquella época, el mercado negro era similar a unos grandes almacenes y se podía encontrar casi cualquier cosa que se deseara o necesitara: ropa, comida, muebles, herramientas, armas, libros, cigarros, propiedades inmobiliarias, hospedaje, pasaportes, conexiones de contrabando o incluso entradas para la ópera o el teatro. Los mercados negros europeos de la posguerra fueron muy importantes.

Durante el tiempo que pasé en la ciudad, la guerra llegó a su fin. En mayo de 1945, la Alemania nazi ya no existía. El «Reich de los mil años» de Adolf Hitler solo había durado doce años. Las fuerzas aliadas ocuparon una Alemania derrotada. En Ucrania, los rusos habían reanudado su ofensiva y obligado a los alemanes a abandonar mi natal Búchach. Tardaron meses en reocupar Búchach, y el 21 de julio de 1944 la ciudad estaba libre de alemanes.

Creo que tomé la decisión correcta sobre no volver a vivir con Jasko. Habría tenido que seguir viviendo en harapos y durmiendo en el establo, y quién podía predecir lo que me habría pasado durante ese tiempo. No quería pensar en ello. Cuando los rusos volvieron a ocupar Búchach, quedaban vivos menos de cien judíos en la ciudad, y yo era uno de ellos.

Cuando terminó la guerra, habían perecido más de sesenta millones de personas —la mayoría civiles—, entre ellas, unos seis millones de judíos. Más del 2 % de la población mundial había sido destruida en un solo conflicto. Varios cientos de miles de judíos europeos habían sobrevivido: algunos en los campos de exterminio y de concentración de Hitler, otros de la Unión Soviética y un grupo más pequeño que había escapado de algún modo de los asesinos nazis y sus colaboradores. Yo fui uno de los pocos.

Tercera parte

Recuerda siempre que no solo tienes el derecho de ser un individuo, tienes la obligación de serlo. No puedes hacer ninguna contribución útil en la vida a menos que lo hagas.

Eleanor Roosevelt

Soñar con Israel

La mayoría de los judíos que sobrevivieron a los campos de concentración o que se habían escondido no pudieron o no quisieron regresar a Europa del Este debido al antisemitismo de la posguerra y a la destrucción de sus comunidades durante el Holocausto. Muchos de los que regresaron temían por sus vidas. En Polonia, por ejemplo, los locales iniciaron varios pogromos violentos. El peor fue el de Kielce en 1946, en el que murieron 42 judíos, todos ellos supervivientes del Holocausto. Estos pogromos provocaron un segundo movimiento importante de refugiados judíos desde Polonia hacia el oeste, donde fueron alojados en campos de desplazados y en centros urbanos. Los Aliados, a través de la Administración de las Naciones Unidas para el Auxilio y la Rehabilitación (UNRRA, por las siglas en inglés de *United Nations Relief and Rehabilitation Administration*), establecieron estos campos en Alemania, Austria e Italia —países ocupados por los Aliados— para los refugiados que esperaban salir de Europa. Después de la guerra, ningún país quería a los judíos, y nadie se interesaba por su bienestar.

En Chernovtsy conocí a un joven llamado Joe Schmerer. Tenía familia en Bucarest: una tía, un tío y un hermano, y tenía una hermana en Canadá. Mi nuevo amigo Joe y yo hablábamos de nuestro futuro y de lo que haríamos. Era mayor que yo unos dos años y sugirió que fuéramos a Israel.

Organizar el viaje era en extremo difícil porque estábamos en territorio ocupado por los soviéticos. Se necesitaba un permiso para viajar, y era casi imposible obtenerlo. La forma más fácil de viajar a territorios soviéticos ocupados era utilizar transporte militar, tal como lo había estado haciendo yo, pero todos los convoyes eran inspeccionados.

Para iniciar nuestro viaje a Israel, tendríamos que cruzar a una de las zonas controladas por las tres potencias occidentales: Estados Unidos, Gran Bretaña y Francia. Sobre todo, teníamos que llegar primero a Bucarest, Rumania. No nos resultó difícil viajar porque no llevábamos prácticamente nada, salvo lo puesto, y el resto de los pequeños objetos se podían meter con facilidad en una bolsa de lona.

Había ido al depósito de suministros del ejército, donde tenía contactos. Eran mis proveedores de mercancías más importantes y, a cambio, yo les proporcionaba vodka. Pregunté si tenían un convoy que fuera a Bucarest, y el oficial me dijo que sí. Uno iba a partir al día siguiente, pero solo había sitio para viajar en la parte trasera del camión con los suministros que transportaban. Sabía que tendríamos un viaje incómodo, pero era lo mejor que podía hacer en aquel momento.

Joe y yo tuvimos que tomar una decisión de inmediato y, sin dudarlo, decidimos abandonar Chernovtsy. Vendimos algunos de nuestros bienes en el mercado negro, concluimos otros negocios en los que estábamos involucrados y nos dispusimos a partir. Hicimos la maleta con ropa y botellas de vodka, que era más valioso que el dinero. El vodka era muy importante para los soldados rusos, así que con él podíamos conseguir cualquier cosa que necesitáramos. Nos presentamos en el depósito y, a cambio de dos botellas de vodka, nos hicieron sitio en el camión, y aún nos sobraron algunas botellas.

Fue, como esperaba, un viaje largo y pesado. El convoy se detenía con frecuencia para descargar suministros. El viaje completo de quinientos kilómetros duró cuatro días. Por la noche, bajábamos adoloridos del camión, estirábamos las piernas, y volvíamos a subir para dormir. Cuando por fin llegamos a Bucarest, los camiones estaban vacíos. En el campamento militar al que habíamos llegado, me acerqué a un oficial y le pregunté si podíamos pasar la noche. Una botella de vodka cerró el trato. Nos llevó al comedor, donde había un gran número de soldados. El oficial descorchó la botella de vodka y los rusos empezaron la fiesta: cantaban y bailaban. Un soldado tocaba la armónica y otros bailaban la *kozaczka*. Saqué una segunda botella de vodka, y luego una tercera. El baile y el canto continuaron hasta la madrugada. Creo que aquellas botellas de vodka fueron la mejor inversión que he hecho nunca (las personas que conocí aquella noche se convirtieron en los principales proveedores y clientes de mi nuevo negocio: el vodka). Éramos estraperlistas y ganábamos dinero.

Nos quedamos en Bucarest, Rumanía, mucho tiempo, siete u ocho meses. Estábamos cómodos, pero sabíamos que si queríamos llegar a Israel, debíamos emprender nuestro viaje. Decidimos prepararnos para partir hacia Budapest, Hungría. Viajar después de la guerra era muy difícil. Viajar en tren era complicado tan solo porque había muy pocos trenes disponibles y no había rutas directas. En realidad, no había demasiadas opciones. Mientras estuviéramos en el lado ruso, la mejor opción y la más conveniente era viajar con los militares, así que hablé con mi contacto en el campamento militar ruso para que hiciera los preparativos para viajar en su convoy. Me dijo que había camiones que salían todos los días hacia Budapest, pero que yo mismo tendría que «hacer los arreglos» con el conductor. Muchos soldados sabían quién era yo. Me llamaban «el chico del vodka», y la tarifa por alojar a dos pasajeros era de seis botellas de vodka. Para nosotros no resultaba un mal trato, pero en realidad era mucho dinero, teniendo en cuenta el valor del vodka en el mercado negro.

Ese día, subimos al camión y nos metimos bajo la lona, que cubría las provisiones para el viaje nocturno. Por la mañana, tras un viaje de ochocientos kilómetros, el conductor nos dejó en las afueras de Budapest. Entramos en la ciudad sin conocer a nadie. Ya sabíamos lo que era la calle y nos limitamos a pedir direcciones para llegar al mercado negro. Estos mercados, aunque ilegales, fueron el salvavidas de muchas personas durante este turbulento periodo de la Europa de posguerra. Deambulando por el mercado, uno se enteraba de las últimas noticias o de dónde encontrar cosas básicas, como un lugar donde alojarse. Era en ese lugar donde los desplazados, como nosotros, nos ganábamos la vida comprando y vendiendo. La mayoría de las transacciones eran ilegales.

Una vez que Joe y yo nos instalamos, dimos largos paseos por la ciudad. Nos establecimos en el mercado negro, y a menudo nos relajábamos en alguno de los tantos cafés de las aceras. Joe era mayor que yo y parecía más maduro. Aunque yo ya era un adolescente, en realidad seguía siendo un niño, y lo parecía. Sin embargo, nunca me consideré un niño. Al fin y al cabo, era totalmente autosuficiente.

Budapest era una ciudad muy hermosa situada a orillas del río Danubio. A un lado estaba Buda y al otro Pest; las dos ciudades se unieron para formar Budapest. Las calles de Budapest estaban empedradas y en cada esquina había restaurantes donde se comía muy bien. Recuerdo que pagué diez dólares por un plato de hígado de ganso preparado especialmente para mí. El hígado de ganso estaba ahogado en grasa de pollo y era delicioso.

Joe y yo buscamos un apartamento en cuanto llegamos a la ciudad y, casi de inmediato, Joe conoció a una chica con un apartamento de dos habitaciones en el centro de la ciudad. Era unos veinte años mayor que Joe, pero como yo solo tenía diecisiete, todo el mundo me parecía mucho mayor. Por lo visto, le gustaba Joe. Dormí solo hasta que también encontré una chica mayor que yo.

Nos iba muy bien con el dinero, tanto que hice un trato con un dentista que vivía en nuestro edificio. Por una moneda de oro, me limó un diente en perfecto estado y lo cubrió con una corona de oro. En aquella época, esto se consideraba un símbolo de estatus, aunque me quité la corona de oro cuando vine a Canadá.

Teníamos buenos ingresos, pero debíamos enfrentarnos al impredecible valor de la moneda distinta al dólar estadounidense. El valor del pengo húngaro fluctuaba de manera salvaje, y el gobierno imprimía dinero para pagar a sus empleados. Así que era una sabia decisión comprar dólares de inmediato después de vender algo. Me di cuenta de que participar en el mercado monetario era más lucrativo que vender licores. En primer lugar, porque el dinero era muy fácil de llevar. Me vi catapultado al negocio del comercio de divisas cuando quise comprarme un par de zapatos nuevos. Había elegido un par de zapatos y el precio era de veinticinco millones de pengos, que eran solo veinticinco dólares estadounidenses. Le dije al tendero que los apartara y que volvería en media hora con un amigo y con el dinero. Cuando volví, el precio de los zapatos había subido a veintiséis millones de pengos, pero seguían siendo veinticinco dólares. Era evidente que el billete verde americano era la única moneda estable en Hungría.

Nos quedamos unos ocho meses y luego decidimos trasladarnos a Austria. Joe y yo todavía teníamos la idea de viajar a Israel, aunque Budapest era muy bonita. Ganábamos dinero en el mercado negro, y los dos teníamos novias y muchos contactos, pero no queríamos vivir en Hungría.

No fue una decisión fácil. Vivir bien en una gran ciudad había sido en verdad emocionante, y ahora ambos alquilábamos apartamentos de dos habitaciones en la calle Kazinczy. Incluso discutimos si debíamos abrir una tienda en Budapest y establecernos, pero Joe quería reunirse con su hermana en Canadá o irse a Israel.

La vida en Budapest era maravillosa, pero, por supuesto, pensaba a menudo en mi familia. Consideré la posibilidad de volver a Búchach para ver por mí mismo lo que había ocurrido allí. Al fin y al cabo, la guerra había terminado hacía tiempo y ya no había problemas para viajar por Europa. Todavía no sé con exactitud por qué no regresé. Quizá porque sabía que el viaje me recordaría los horrores que había vivido allí. Me decía a mí mismo que cuando fuera mayor y me hubiera asentado, volvería, pero nunca pensé en regresar para establecerme allí. No quería vivir con los recuerdos diarios de mi familia asesinada. Debía volver a empezar mi vida e iniciar de cero en un nuevo país y escapar de las tragedias de la guerra. Incluso mientras disfrutaba de mi bonito apartamento, nunca pude olvidar los días en que me moría de hambre y me escondía como un animal en el bosque. Cuando vivía en el bosque, no recordaba cómo había sido mi vida antes. Apenas podía evocar los días en que había dormido en una cama caliente y seca con sábanas y almohadas blancas. Estaba atrapado en el bosque sin futuro. Nunca me pasó por la cabeza que mi situación fuera a cambiar. Pensé que viviría así hasta que me encontraran y me mataran.

Cuando estás bajo tanta presión, la mente te juega malas pasadas. Como ya dije, el pasado se desvanece, y junto con él, tantos recuerdos. El futuro no promete nada, solo más miseria y días interminables de hambre, frío, soledad y miedo. No saber si estás a salvo o no es una forma lenta de tortura. Los sonidos del bosque, que hoy me parecen tan tranquilos, a menudo me hacían entrar en pánico. El crujido de una rama rota, los sonidos de los animales y los ruidos desconocidos me hacían contener la respiración y me asustaban hasta el punto de paralizarme. Las palabras «me encontrarán y me matarán» sonaban una y otra vez en mi cabeza. Me sentía como el hombre que comete un crimen y vive con el temor constante de que llegue el día en que lo descubran. Salvo que yo sabía que, cuando me atraparan, la muerte sería inevitable solo porque era judío.

Pensaba en Jasko, la única persona de mi pequeño mundo que me ayudó en un momento desesperado. Ahora comparaba mi vida actual con su vida sencilla. Durante mi estancia en el bosque no tenía ni idea de que viviría así. Mi sueño era ser libre y no vivir con miedo.

Jasko era un buen hombre. Quería escribirle, ponerme en contacto con él, pero no tenía dirección. No recuerdo que recibiera ningún correo en los años que estuve con él. Ni siquiera sabía el nombre de la zona donde yo estaba escondido. Era tan remota que no creo que tuviera nombre.

Aunque el negocio iba bien en el mercado negro, nuestro objetivo final era llegar a Palestina, el futuro Israel. Por otra parte, si la hermana de Joe conseguía que él viajara a Canadá, podría abrirse la puerta para que yo también fuera allí. Aún nos enfrentábamos al reto que suponía llegar a las zonas en poder de los aliados occidentales.

Para obtener información sobre cómo salir de Hungría, que estaba bajo control soviético, consulté con la gente del mercado negro. Me dijeron que podíamos contratar a contrabandistas que nos llevaran, a pie, de Hungría a Austria, o podíamos probar suerte con camioneros rusos. Había un corredor utilizado por los convoyes de camiones soviéticos para ir de Hungría a Viena, y no había inspección fronteriza. Nos dijeron que si viajábamos con contrabandistas a través de la frontera, no podríamos llevar nada y tendríamos que vender lo que tuviéramos. Pero si íbamos en camión, podríamos llevar nuestra ropa y otros artículos.

Decidimos probar suerte con los choferes rusos. Empacamos nuestras cosas y le vendimos a nuestro contacto en el mercado negro lo que nos quedaba. Este contacto no tenía dólares, pero tenía relojes y estaba dispuesto a canjearlos por nuestra mercancía. Hicimos un trato y, a cambio de nuestras posesiones, nos dio tres relojes y algunos chelines austriacos.

Joe y yo tomamos el tren hasta la frontera, nos registramos en un hotel y luego encontramos el depósito militar, donde había muchos camiones y soldados del ejército soviético. Había aprendido ruso en la escuela, así que me resultó fácil hablar con ellos. Les pregunté cómo podíamos viajar a Viena. Algunos de los soldados iban a Viena al día siguiente, e hice un trato con uno de los conductores para que nos transportara a los dos hasta la ciudad austriaca a cambio de un reloj.

A la mañana siguiente, temprano, llegamos al depósito y el soldado me pidió el reloj de inmediato. Se lo di al instante porque ya había movido las cajas del camión para hacernos sitio y había puesto una manta para que pudiéramos sentarnos o recostarnos. Por lo visto, no era la primera vez que pasaba gente de contrabando por la frontera. Estábamos bien escondidos y el viaje empezó.

Tras varias horas de recorrido y diversas paradas, el camión se detuvo y el conductor nos dijo que estábamos en la parte rusa de Viena. Sin perder tiempo, cogimos un taxi hasta el mercado negro y pagamos con los chelines que habíamos cambiado en Budapest. Como de costumbre, el mercado era el lugar para hacer preguntas. Nos dijeron que si queríamos ir a Israel, tendríamos que cruzar al lado aliado de la ciudad y solicitar una tarjeta de desplazado. Con esta tarjeta, podríamos viajar a los territorios ocupados por los aliados occidentales: Estados Unidos, Francia y Gran Bretaña.

El siguiente reto que teníamos ante nosotros era cómo salir del lado soviético y entrar en territorio aliado. En el mercado negro, un comerciante mencionó que tenía un amigo, un taxista, que podía llevarnos al lado aliado. Se marchó y volvió enseguida con el taxista, que nos informó que cobraba veinticinco dólares por persona. Tan solo llevábamos una hora en Viena, pero subimos a su taxi y nos llevó desde la zona ocupada por los soviéticos hasta el lado americano. Más tarde me enteré de que era muy fácil para los taxis cruzar, y me di cuenta de que nos habían engañado para sacarnos el dinero. Todo es una experiencia de aprendizaje. El taxi nos llevó al campo de desplazados de Bindermichel, que iba a ser nuestro hogar durante meses.

Los campos de desplazados de Austria albergaban a unos cincuenta mil judíos. Muchos habían sobrevivido a trabajos forzados o campos de concentración, centros de exterminio y marchas de la muerte. La mayoría no quería quedarse en una Europa atormentada por el Holocausto y estaban decididos a empezar una nueva vida en otro continente. Aparte de buscar a sus familiares supervivientes, los judíos eran especialmente reacios a regresar a Polonia debido a los pogromos, como ya dije antes. Muchos de los que regresaron descubrieron que otros les habían robado sus casas y propiedades. La posibilidad de restitución era casi nula. A menudo, cuando buscaban justicia, eran asesinados.

La mayoría de los supervivientes judíos querían ir a Palestina. Cuando el gobierno británico se negó fríamente a permitirles la entrada a los judíos y les pidió una segunda opción, volvieron a escribir Palestina.

Se crearon decenas de campos de desplazados, no solo en Austria, sino también en Alemania, Italia y otros países europeos, a veces en campos militares reconvertidos. En ellos vivieron miles de personas durante meses antes de ser reubicadas. Todos queríamos instalarnos y empezar una nueva vida, pero ¿adónde ir?

En el campo de desplazados nos registramos y recibimos una tarjeta de identidad que nos acreditaba como desplazados. Esta tarjeta nos daba algunos privilegios importantes. Podíamos viajar en tren o autobús urbano sin pagar. En el campo de desplazados, teníamos un lugar donde alojarnos, recibir comida y hacer contactos, ¡y podíamos entrar y salir cuando quisiéramos!

Después de instalarnos, recorrimos el campo y hablamos con mucha gente. Muchos querían ir a Palestina, y nos dijeron que había que ir a Italia para tener la oportunidad de subir a un barco con destino a Palestina. Mientras tanto, Joe le escribía con frecuencia a su hermana en Canadá. Ella le enviaba paquetes de ropa. En una ocasión, recibió una bolsa de patatas fritas. Nunca las habíamos visto y no sabíamos qué hacer con ellas. Probamos cocinándolas, pero sabían fatal. Así que renunciamos a las patatas fritas, por lo menos en ese entonces.

Cuando llegué a Bindermichel, me encontré con que no había habitaciones disponibles y no quería dormir en el suelo ni en los pasillos. Una parte del edificio había sido bombardeada durante la guerra y ya no quedaban ventanas ni puertas, pero el tejado seguía siendo sólido. Decidí hurgar en los escombros, encontré dos ventanas y una puerta, las instalé y así creé mi propia habitación. En otro lugar del campo de desplazados vivían dos familias en una habitación. El campo nos proporcionó a Joe y a mí dos camas, mantas y almohadas, una mesita, un pequeño armario y otros artículos de primera necesidad. En el mercado negro compramos una pequeña cocina eléctrica, ollas y sartenes, y otra mesa y una silla.

Los habitantes del campamento de Bindermichel vivían bastante bien y comían mucho y bien. A las chicas del lugar les encantaba salir con gente del campo, porque así podían volver a casa con alguna golosina, sobre todo chocolates y caramelos. Pronto tuve una novia austriaca, no era del campamento. Muchas de las chicas que conocimos eran jóvenes y guapas.

Joe y yo empezamos a hacer negocios en el mercado negro de Bindermichel, cambiábamos chelines por dólares. Casi todo el mundo quería ir a Italia o Israel, y la mejor manera de viajar era con dólares. Los bancos estaban abiertos, pero había una gran discrepancia a la hora de cambiar divisas. Por ejemplo, en el banco, el tipo de cambio era de diez chelines por un dólar estadounidense, pero yo podía vender un dólar estadounidense en el mercado negro por cien chelines, diez veces más que el tipo de cambio «legal». Los bancos no cambiaban dinero con civiles, solo con soldados, así que la gente tenía que recurrir a los mercados negros.

Algunos días, mis bolsillos rebosaban de miles de chelines. Le propuse a Joe que fuéramos a la frontera italiana y vendiéramos los chelines a los soldados americanos que iban a Austria. Tomamos el tren hasta la frontera e hicimos un trato con el primer americano que encontramos. Preguntamos al conductor si necesitaba chelines y nos dijo que sí, pero que solo tenía scrip. El scrip era la moneda producida para los soldados estadounidenses en el extranjero; también conocida como Certificados de pago militar (MPC, por las siglas en inglés de *Military Payment Certificates*). A los soldados estadounidenses se les pagaba con vales porque el gobierno no quería que su moneda circulara en Europa. De forma temporal imprimían dinero que tenía el mismo valor que un dólar estadounidense y podía cambiarse por este en cualquier institución legal. Entonces cambié tres mil quinientos chelines por trescientos cincuenta dólares. Al día siguiente, cambié mis últimos dos mil chelines por doscientos dólares. En 24 horas habíamos ganado quinientos cincuenta dólares. Para celebrar nuestra buena suerte, no nos molestamos en tomar el tren y volvimos en taxi a Bindermichel.

Pronto entré en el negocio del cambio de divisas, y me instalé en la frontera entre Italia y Austria; cambiaba chelines por liras, lo que me reportó grandes beneficios. Llegué a ser conocido como «el banquero». Cuando los alemanes se marchaban de Italia, algunos habían robado bancos y después se establecieron en Austria. Transportaban millones de liras a Austria, pero no podían cambiarlas en los bancos austriacos por chelines: las liras carecían de todo valor en el lado austriaco. Solo se podían vender de forma privada o gastar, y entonces había que cruzar la frontera de regreso a Italia. No había servicios bancarios en los campos, así que decidí llenar ese vacío. Mi clientela era variada, y les cambiaba chelines austriacos por liras, con un beneficio considerable. También les cambiaba dinero a militares y otras personas que cruzaban la frontera.

Una de mis empresas consistía en llevar a pequeños grupos de jóvenes a campamentos sionistas en Italia. Aunque había un esfuerzo organizado para ayudar a los jóvenes, muchos querían ir, y conduje a docenas a la vez, ilegalmente, hasta la frontera austro-italiana en Údine.

Nunca creí que Joe me dejaría, pero un día de 1947 consiguió por fin el permiso, el visado y todos los documentos necesarios para entrar en Canadá, y se hizo realidad. Tuvo mucha suerte de que su hermana viviera en Canadá, lo que le permitió salir de un país deprimido donde no había esperanza ni futuro. Todos nuestros sueños de ir a Israel se acabaron. Me quedé solo de nuevo, tenía que volver a empezar y tomar una decisión sobre qué hacer a continuación. Sinceramente, me alegré por Joe: se uniría a su hermana y podría formar una familia. Y me puse un poco celoso: quería lo mismo para mí.

Cuando Joe recibió los documentos para emigrar a Canadá, le pregunté si su hermana también podría ayudarme, quizá haciéndose pasar por una prima o algún otro pariente. Joe estaba ansioso por ayudarme y me sugirió que cambiara mi nombre de Oziac Fromm a Munio Schmerer. Era un primo de Joe que vivía en Checoslovaquia y del que Joe no había tenido noticias. Me alegró mucho la idea de que Joe y su hermana pudieran ayudarme. Aunque el plan era cuestionable y no creía que fuera a funcionar, me apresuré a registrarme como Munio Schmerer.

No sabía si me admitirían en Canadá, así que consideré otras opciones. Un grupo de *chalutzim* (pioneros) de Israel vino a Bindermichel y preguntó si alguien quería emigrar a Tierra Santa, y yo fui el primero en ofrecerme como voluntario. Unos veinte jóvenes estaban interesados, y fuimos a la frontera italiana en tren. Allí conocimos a un guía que nos condujo a pie a través de la frontera. En el lado italiano nos esperaba un camión.

Los soldados de la Brigada Judía del ejército británico utilizaban sus vehículos para transportar a los judíos que intentaban llegar a Palestina. Nos llevaron al campo de la UNRRA en Údine, Italia, pero el campo no era un lugar cómodo para quedarse. Nos alojaron en una escuela abandonada, donde dormíamos en colchones contiguos. Los soldados de la Brigada Judía traían más gente cada día.

En ese momento, me resistí a embarcarme rumbo a Israel. Me enteré de que si la *Royal Navy* interceptaba nuestro barco (e interceptaba a la mayoría de las embarcaciones), acabaríamos en un campo en la isla de Chipre, ¡detrás de un alambre de púas! Sin embargo, muchos sí se arriesgaron. Miles de ellos acabaron en centros de detención en Chipre, y fueron liberados cuando Israel nació como Estado independiente en mayo de 1948.

En Italia me seguía yendo bien con mi negocio de cambio de moneda. Compraba chelines a quienes llegaban de Austria, y les pagaba un dólar por cien chelines. Viajaba en taxi hasta la frontera y volvía para cambiar chelines por dólares. Tenía problemas para vender los chelines, así que ofrecía una prima del 10 %, mientras que mis competidores en el mercado negro pedían el 20 % por cambiar chelines a dólares estadounidenses. No importaba con quién tratara, siempre llegábamos a un acuerdo.

Le escribí a Joe para preguntarle si su hermana había hecho una solicitud para mí en Canadá. Esperé con ansias una respuesta y Joe me contestó pidiéndome paciencia y diciéndome que su hermana estaba haciendo todo lo posible. Seguí siendo amigo de Joe toda la vida y lo consideraba como mi primo. Su hermana, Zofia, se esforzó mucho por llevarme de Europa a Canadá; en verdad aprecio todo lo que Zofia hizo por mí, y siempre seguimos en contacto.

Pero seguía sin tener adónde ir. Estaba varado en Italia y Joe se había ido a Canadá. Estaba triste y solo y tenía que volver a tomar todas las decisiones por mí mismo.

Ningún Estado, ningún país, ningún grupo
de hombres puede describirse más acertadamente como
el eje de la paz y el progreso mundial.

WINSTON CHURCHILL
(refiriéndose a Canadá), 1930

REFUGIADO CANADIENSE

Por desgracia, recibí noticias negativas de Montreal: me habían denegado la entrada porque el gobierno canadiense no consideraba a los primos como familiares directos. En aquella época, el gobierno canadiense no quería dejar entrar a ningún refugiado judío, en especial en Quebec. En ese momento decidí que me embarcaría hacia Palestina porque me di cuenta de que no tenía a nadie en Canadá, excepto a Joe. Todavía tenía su apellido, Schmerer, pero decidí que cuando llegara al preestado de Israel, lo cambiaría de nuevo a Oziac Fromm, mi nombre de nacimiento. Esperaba que fuera una mejor decisión ir a Palestina, y que tal vez incluso encontrara allí a algún familiar. Pensaba que, aunque corría el riesgo de ser internado en la isla de Chipre, Palestina era el único lugar al que podía ir. Confiaba en que acabaría sintiéndome seguro rodeado de los míos en Israel. Soñaba que, si algún día llegaba a Israel, me uniría a la *Haganah*, que más tarde se convertiría en el núcleo de las Fuerzas de Defensa de Israel, y que lucharía por el establecimiento del Estado judío.

Un día, sin previo aviso, miembros del Congreso Judío Canadiense (CJC) se presentaron en la oficina del campamento donde yo vivía y preguntaron si había algún huérfano menor de dieciocho años interesado en ir a Canadá. Me dijeron que había algunas familias en Canadá interesadas en adoptar niños, de preferencia de entre cuatro y siete años. Pero la mayoría de esos niños habían sido asesinados en el Holocausto. Los que habían sobrevivido tenían más o menos entre doce y quince años, porque habían podido cuidar de sí mismos. Los miembros del congreso anunciaron que los jóvenes que estuvieran interesados debían acudir a la oficina del campo e inscribirse, pero que el programa era estrictamente para huérfanos.

Ya estaba harto de Europa; quería ir a la escuela o trabajar, asentarme y empezar una vida de verdad. Esperaba que una buena familia me adoptara. Los representantes del Congreso Judío Canadiense me dijeron que los judíos de Canadá querían ayudar a los huérfanos. Me sometieron a un examen intensivo, que incluía un chequeo de mi salud y pruebas de mi capacidad de lectura en varios idiomas. Si superaba las pruebas, me dirían cuándo debía estar listo para partir y qué preparativos debía hacer. Por fortuna, pasé las pruebas y me aceptaron como uno de los mil huérfanos que emigrarían a Canadá.

Tuve tres meses para prepararme para el viaje. Fue una gran decisión y un conflicto para mí. Estaba dispuesto a ir a Palestina, pero también quería ir a Canadá porque Israel aún no se había creado y la única alternativa eran, como ya he dicho, los campos de Chipre. Pensé en cuánto tiempo podría estar en un campo. ¿Podría ser un mes, un año, diez años, toda mi vida? Tenía que tomar una decisión sin el consejo de nadie. Tenía que confiar en mí mismo. Era tentador soñar con ser adoptado por una buena familia canadiense que me enviaría a la escuela, me vestiría, me alimentaría y me guiaría. Sentía que mi vida podía ser mejor en Canadá que en Israel, y por eso decidí irme a Canadá.

Quería olvidar el pasado y olvidar todos los horrores que había vivido. De verdad no quería recordar. Quería empezar una nueva vida. En Canadá, esperaba poder estudiar arte y convertirme en artista. Todo me parecía posible. Podía ir a la escuela y formarme.

Sin embargo, Canadá no recibía a los supervivientes con los brazos abiertos. Cuando llegué, me enteré de que el CJC tenía dificultades para encontrar hogar para los huérfanos. El gobierno de Canadá no se esforzaba de verdad por ayudar a los refugiados judíos, aunque fueran niños.

Habían abierto la puerta a mil huérfanos judíos, entre los que me encontraba, gracias a los esfuerzos de Saul Hayes, jefe del Congreso Judío Canadiense. Hayes estuvo al frente de las negociaciones; además de convencer a Ottawa para que acogiera a los huérfanos, se dirigió a cada gobierno provincial para buscar un acuerdo similar. Todas las provincias tenían que aceptar el acuerdo.

El primer ministro de Quebec, Maurice Duplessis, ni siquiera accedió a reunirse para discutir la posibilidad de permitir la entrada de huérfanos judíos en Quebec. Hayes era abogado y preparó entonces un documento exhaustivo sobre su propuesta, se lo presentó a Duplessis y añadió que, si no recibía respuesta, supondría que la provincia había accedido a aceptar a los jóvenes. En lugar de ello, Hayes recibió la noticia de que la provincia aceptaría a los huérfanos.

Hayes había convencido al gobierno canadiense de que aceptara a los huérfanos judíos, pero todos fuimos sometidos a un intenso proceso de selección que duró hasta seis meses. El Congreso Judío Canadiense tendría que responsabilizarse de los huérfanos, ya que el gobierno del país no asumía ninguna responsabilidad: abría la puerta un poco a regañadientes, sin entusiasmo. Mientras tanto, yo y los demás niños esperábamos impacientes ir a Norteamérica.

Los aceptados —el recuento final fue de mil ciento veintitrés— hicimos el viaje escoltados, en pequeños grupos. Por fin, en octubre de 1948, llegó mi día. Pasó un mes entero antes de que nos dijeran que partiríamos. Dos camiones militares llegaron y nos transportaron a la estación de tren para el viaje a Bremen, Alemania. Me llamaban Munio Schmerer, y con ese nombre me iban a admitir en Canadá. Quería volver a cambiarme el nombre por el de Oziac Fromm, pero no quería que eso arruinara mi admisión a Canadá.

El barco en el que cruzamos el océano no era un transatlántico de lujo. Había sido utilizado para transportar militares, y los huérfanos —todos varones— descubrimos que había literas para dormir. Muchos estaban gravemente mareados; yo, en cambio, me sentía muy bien y era feliz. Me hice amigo de muchos de los chicos y lo pasamos muy bien.

El barco, un transporte militar estadounidense llamado Sturgis, estuvo en alta mar durante un mes antes de entregar a cientos de huérfanos en el muelle 21 de Halifax, donde nos recibieron calurosamente y nos dieron caramelos. Se hablaba una gran variedad de idiomas. Yo podía comunicarme en polaco, ucraniano, alemán, yiddish, ruso y húngaro, y más tarde aprendí inglés y francés. ¡Ocho idiomas!

Halifax era una ciudad con una comunidad judía pequeña pero bien organizada, ansiosa por recibir a los recién llegados. El empresario local Noah Heinish saludó a muchos inmigrantes judíos en Halifax y me dio un billete de cinco dólares. Cuando recibí mi billete canadiense de cinco dólares, no sabía lo que valía comparado con el dólar estadounidense. En el tren de Halifax a Montreal, se lo di de propina al camarero. Solo más tarde, cuando empecé a trabajar en la tienda con Joe, cobrando un sueldo de dieciocho dólares semanales, me di cuenta de cuánto valían cinco dólares.

El histórico muelle 21 de Halifax, donde desembarqué, parecía una enorme prisión. Tenía ventanas con barrotes y jaulas para las entrevistas. El comité de recepción estaba entusiasmado ante la perspectiva de saludar y asistir a jóvenes que habían sobrevivido al Holocausto. Los voluntarios nos recibieron hablando en polaco, yiddish, ruso y alemán. Con gran dificultad, se habían hecho arreglos para que familias voluntarias cuidaran de nosotros, pero las posibles familias de acogida normalmente pedían «una niña de siete años o menos». Por desgracia, no había niñas pequeñas en nuestro barco. Como ya mencioné, la mayoría de los huérfanos que llegaban a Canadá eran adolescentes, y casi todos eran varones. El Congreso Judío Canadiense, obligado a encontrarnos hogares y familias, había tropezado con grandes dificultades. La falta de entusiasmo de las parejas judías por adoptar o incluso acoger a un huérfano les sorprendía.

A nuestra llegada a Montreal, nos recibieron en un centro de acogida de la calle Jeanne Mance, en la segunda planta del dispensario médico Herzl. La asistente social que nos asignaron era muy amable y hablaba yiddish. Me adjudicaron una habitación con otro chico. En el centro se alojaban de forma temporal entre veinte y treinta jóvenes. Nos visitaban varias familias interesadas en adoptar, y en algunos casos, seleccionaban a un huérfano para su adopción. Otros niños eran asignados a hogares de acogida y acompañados a esos sitios por la asistente social. Había mucho movimiento en el lugar.

A la mañana siguiente de nuestra llegada, la asistente social nos llevó a algunos a una tienda para equiparnos. La tienda, Schreter's, estaba situada en la calle Notre-Dame. Ya era noviembre y hacía frío, y nos proporcionaron ropa de invierno. Me dieron un abrigo, botas, guantes y calcetines. En otras palabras, me equiparon de pies a cabeza.

Joe me visitó y me llevó a conocer a su hermana y a su tío. Cuando llegué a casa de su hermana para cenar, creo que todos se sorprendieron de lo bien vestido que iba. Hicieron comentarios como: «Debe de haber costado mucho dinero vestirte». En su opinión, la asistente social había gastado demasiado dinero en mí, además de que el CJC me había traído a Canadá. Yo era un recién llegado, y la gente no me dejaba olvidarlo.

El recibimiento por parte de la comunidad judía también fue negativo. Recuerdo que una noche salí con una chica y después me llevó a casa. El padre de la chica fue tajante. Me dijo que eran canadienses, pero que los recién llegados se llevaban todos los trabajos bien pagados. Me preguntó cómo me había ido en Europa. No tenía muchas ganas de hablar del pasado, así que me limité a contestarle que mal. Me dijo que las cosas también estaban mal en Canadá, ¡porque había escasez de azúcar! No volví a verla ni a ella ni a su padre.

Mis primeras experiencias en Canadá, y las de muchos otros jóvenes de ambos sexos, no fueron alentadoras. Me asignaron un hogar de acogida. La familia tenía dos niñas. Les pagaban por proporcionarme una habitación —los padres de acogida en Montreal recibían cuarenta dólares al mes por niños de hasta dieciséis años y cincuenta dólares por un joven de más de dieciséis—, y eso era todo lo que hacían. No me dejaban lavar la ropa en su casa y no me daban de comer, así que siempre comía en restaurantes.

Tuve otra experiencia que subrayó el hecho de que yo era un «recién llegado». Una de las chicas tenía un novio que siempre estaba cerca. La hermana menor, que tenía algo de sobrepeso, no era popular. Sin embargo, le pedí una cita y me rechazó, diciendo que no salía con recién llegados. Sabía que, a sus ojos, yo no era nadie. Sinceramente, no las culpaba. Las chicas no querían salir conmigo, lo cual me parece comprensible desde mi perspectiva actual como padre.

Mucha gente no me respetaba. Al fin y al cabo, yo no era nadie, era un huérfano. No tenía familia, ni antecedentes conocidos, ni historia acreditada, ni forma de demostrar nada de lo que decía. Algunos pensaban que tal vez ni siquiera era judío. Ni siquiera mi nombre era el verdadero. Me sentía como si no fuera nadie y nadie quería relacionarse conmigo. No me gustaba, pero creo que lo entendía. Los canadienses me dejaron muy claros sus sentimientos. En Europa, yo había sido un superviviente del Holocausto, y no me avergonzaba de ello. En cambio, en Canadá nunca me pidieron que contara la historia de cómo había sobrevivido porque a nadie le interesaba. Fuera cual fuera su estatus, casi todo el mundo me miraba por encima del hombro, y parecía que cuanto más pobre era, más duro era el juicio. En aquellos difíciles primeros años, en los que no dominaba el idioma, tenía hambre de compasión, de ayuda, de amistad y, sobre todo, de amor.

Yo, entre otros cientos de jóvenes, había perdido a toda mi familia en el baño de sangre europeo y esperaba que los judíos canadienses nos abrieran sus casas y sus corazones. Tras perder a toda mi familia y a todos mis amigos, ansiaba ser aceptado en una nueva familia. Sin embargo, pocas familias estaban dispuestas a acoger a un joven adulto en su mundo privado.

Un día, mi trabajadora social me informó que una familia estaba «muy interesada» en adoptarme legalmente. Me recogieron y me llevaron a una casa en Fairmount y Park Avenue. En ese momento, no me di cuenta de que había estado alojado en una zona próspera, en la avenida Davaar de Outremont. El hombre me llevó al dúplex donde vivía y subimos las escaleras hasta su apartamento. Cuando entramos, su mujer estaba jugando a las cartas y no me prestó ninguna atención. Siguió jugando. No era el tipo de saludo afectuoso que esperaría un posible hijo adoptivo. Mi futuro padre me enseñó cómo se ganaba la vida. Me llevó al sótano, donde tenía una imprenta. Al parecer, imprimía tarjetas de visita y facturas.

Viviría arriba, me explicó, mientras trabajaba con él y aprendía el oficio. Me trataría como a un hijo, dijo, y la vida con ellos sería maravillosa. Añadió que me daría dinero para gastar, aunque no mencionó ningún salario ni ninguna oportunidad de estudiar. Volvimos arriba, donde su mujer seguía jugando a las cartas sin mostrar el menor interés por su nuevo «hijo». Le pregunté dónde dormiría y me explicó que en realidad no había alojamiento para mí, pero que había una cama oculta en la sala. Me aseguró que la sala sería mía seis días a la semana. El séptimo ellos jugaban a las cartas. Eran las once de la noche y yo estaba solo en la cocina. Me levanté y salí. Conocía la zona, ya que me había alojado cerca, en Jeanne Mance, cuando llegué a Montreal. Necesitaba pensar. Me pareció que aquel hombre no quería adoptar un hijo y enviarlo a la escuela, lo que quería era alguien que trabajara gratis para él. Una vez más, reconocí que yo carecía de importancia a sus ojos y que era tan solo alguien a quien explotar. Para ellos, yo sería un sirviente, pero yo no estaba dispuesto a serlo. Había sobrevivido a una guerra por mis propios medios. Volví al centro de Jeanne Mance y pasé allí la noche.

Al día siguiente, la trabajadora social me preguntó qué había pasado. La familia se preocupó cuando no volví. Les conté lo que había vivido, desde la mujer que jugaba a las cartas hasta el marido que deseaba tener un aprendiz sin sueldo. La asistente social coincidió conmigo en que parecía que no querían un hijo, sino un trabajador no remunerado. No esperaba que me adoptaran como hijo real en una familia. Solo esperaba algún tipo de compasión, algún tipo de comprensión de mis necesidades. Estaba ansioso por volver a la escuela y, con suerte, a la escuela de arte, ya que los nazis me habían robado la educación. Había un plan diferente para nosotros, los niños refugiados. Muchas familias decidieron que los huérfanos debíamos trabajar y que no tenían que educarnos; ya habían hecho bastante trayéndonos a Canadá. Era cierto: nos rescataron y nos trajeron a un país hermoso, libre y lleno de oportunidades, un país donde una persona puede prosperar, conseguir logros y soñar. Cuando pienso en los riesgos que corrieron y en los problemas que tuvieron al traernos a Canadá, me quito el sombrero ante ellos.

Así es como pienso hoy. Pero, en aquella época, como joven adulto, no pensaba en los esfuerzos que hicieron por salvarme. Quería recuperar mis años perdidos; quería recuperar mi infancia. Quería que me quisieran y quería una familia. Pero nadie podía darme lo que yo quería porque eso había sido destruido en el Holocausto, y nunca podría recuperarlo.

En Canadá me sentí protegido, libre de las trágicas experiencias de Europa, pero todavía muy solo. Era un adolescente sin familia y prácticamente nadie se preocupaba por lo que me ocurría. Mi único amigo, en una ciudad de millones de habitantes, era el joven que había conocido en Europa, Joe Schmerer. Trabajábamos juntos en la misma tienda, donde yo solo cobraba dieciocho dólares a la semana. Resultaba irónico que, antes de venir a Canadá, yo hubiera ganado mucho más dinero trapicheando en el mercado negro. Me prometí que algún día tendría una casa, un coche y un negocio, pero mientras tanto no sabía por dónde empezar. Tal vez, pensé, podría casarme con una chica canadiense y entonces las cosas comenzarían a mejorar.

Una vez conocí a la hija de un carnicero, y nunca olvidaré aquella experiencia. Era bajita y no muy guapa, pero su padre tenía una carnicería en Outremont. Se jactaba de que su tienda era «la mejor de Montreal». Me dijo que me pagaría bien si trabajaba en su tienda y que, si me casaba con su hija, me daría diez mil dólares como regalo de bodas. Consideré la idea. En los años cincuenta, diez mil dólares era mucho dinero, pero cuando visité la carnicería y vi a su padre trabajando, cubierto de sangre, cambié de opinión y nunca volví a ver a la hija. No quería ser carnicero, quería ser empresario o artista. Quería ser rico y, lo que es más importante, quería estar enamorado. Tenía veinte años y toda la vida por delante. Seguí trabajando como cargador con Joe en St. Laurent Boulevard, cerca de Rachel Street. Ahora ganaba veinte dólares a la semana y pagaba veinticinco al mes por alquilar una habitación en la calle Jeanne Mance. El Congreso Judío Canadiense vio que yo era capaz de mantenerme a mí mismo, y pensaron que eso significaba que también era capaz de ser independiente, así que renunciaron a su responsabilidad de cuidar de mí. Yo creía que, como me habían traído a Canadá, seguían siendo en parte responsables de mi bienestar. Todavía necesitaba ayuda para adaptarme a una nueva vida en un nuevo país. Pero de forma indirecta me dijeron que el resto de mi vida dependía de mí. Por desgracia, todo dependía de su presupuesto. Me abandonaron porque ganaba lo mínimo.

¿El CJC nos proporcionó la debida asistencia a los huérfanos traídos a Canadá durante la posguerra? Creo que lo hicieron bien mientras negociaron el acuerdo que permitía la admisión de los huérfanos en Canadá, pero además necesitábamos asistencia continua. Después de eso, el CJC funcionó simplemente como una agencia de adopción. Cuando se adopta a un niño, hay que responsabilizarse de su bienestar. Hay que proporcionarle educación, alimentación, un entorno seguro y lecciones de vida. No basta con transportar a un niño a un nuevo país y abandonarlo porque es capaz de ganar veinte dólares a la semana. Muchos de los huérfanos se plantearon volver a Europa. Uno de mis amigos emigró a Israel y se hizo miembro de un *kibbutz*. Le dieron un hogar, le proporcionaron una educación y no lo consideraron un recién llegado, porque todo el mundo en Israel era un recién llegado. Yo no lo seguí y me quedé en Canadá, solo pero decidido.

La habitación que alquilé en Jeanne Mance estaba en el mismo edificio donde vivía una agradable familia llamada los Safran.

No me gustaba mi habitación porque estaba debajo de la escalera. Los Safran disponían de una habitación más grande y cobraban lo mismo que yo pagaba por mi cuarto debajo de la escalera, así que les alquilé la habitación más grande y mi vida empezó a cambiar para mejor. Los Safran también eran recién llegados a Canadá y no me despreciaban. Se interesaron por mí. Querían saber quién era, conocer mis orígenes. Ellos también eran polacos, pero habían sobrevivido a la guerra en la Unión Soviética, en donde vivieron en aquella época. Tuvieron suerte.

Los Safran tenían una gran familia, tías, tíos, primos, sobrinos y abuelos, que también había sobrevivido al Holocausto. Todos habían huido del ejército invasor alemán y se habían retirado con las unidades militares soviéticas a la Unión Soviética. Allí pasaron tiempos difíciles y miserables, pero lo más importante fue que no los mataron por ser judíos. En la Unión Soviética no había cámaras de gas, y muchas familias que huyeron allí sobrevivieron a la guerra sin pérdidas. En algunas partes de la Unión Soviética, los niños iban a la escuela, las mujeres mantenían sus hogares y los hombres servían en las fuerzas armadas. Sin embargo, miles de judíos que vivían en la Unión Soviética fueron enviados a duros campos de trabajo en Siberia, donde muchos murieron.

La entrañable familia Safran estaba formada por los padres, Srewl (Issie) y Masha, y dos niñas llamadas Helen y Rhoda. Su padre trabajaba duro como sastre para garantizar la educación de sus hijas. En definitiva, es muy bueno tener un padre que te guíe. Pronto empecé a salir con Helen. Iba al instituto Baron Byng y hablaba inglés bastante bien. Me gustaba mucho y me encantaba salir con ella. Era muy atractiva y menudita, como mi madre, trabajaba y compartía los gastos de la casa.

Yo solo era un inquilino, alquilaba una habitación por meses, pero esta familia me invitó a cenar con ellos muchas veces. Esto contrastaba mucho con mis experiencias anteriores, en las que me quedaba solo en mi habitación y no me invitaban a compartir una comida con mis padres de acogida. El CJC les había estado pagando a mis padres de acogida por mi habitación, pero ellos no tenían compasión y no me consideraban alguien valioso como para sentarme a la mesa con ellos.

Reflexioné mucho sobre mi futuro. Sabía que no quería seguir siendo un cargador para siempre, y especulaba sobre qué dirección tomar para tener éxito, estaba decidido a conseguirlo.

Más tarde conocí a un chico mayor que yo que era vendedor ambulante. Consideré la venta de puerta en puerta como un trabajo, pero para ello se requiere un vehículo, así que me compré mi primer coche. Fue muy emocionante, aunque no tenía ni idea de qué automóvil sería el mejor para mí. Es curioso, pero hasta ahora sigo sin saber mucho de coches. Fui a un concesionario Ford, donde el vendedor me enseñó unos cuantos modelos, y compré un Ford por 600 dólares. Hice un pago inicial de 150 dólares y ¡el coche ya era mío! Estaba listo para ser vendedor ambulante. Como no hablaba muy bien francés, decidí probar suerte en las zonas donde vivían los angloparlantes. Me dijeron que los Eastern Townships eran un buen lugar para empezar. Los agricultores pagaban al contado la mayoría de las veces, mientras que en Montreal la gente solía comprar a crédito y pagar cada semana.

Me di cuenta de que la venta de puerta en puerta podía ser rentable, ya que ganaba bastante más dinero que cuando trabajaba como cargador. Conseguía mercancía en consignación y la pagaba una vez vendida. Si no se vendía, se podía devolver. Ganaba un buen dinero y me independicé. Abrí una cuenta bancaria y fui feliz, aunque no estaba más cerca de mi sueño de pintar y expresarme a través de mi arte. Me di cuenta de que la mayoría de los artistas eran pobres, y yo no quería esa vida; como solo tenía veinte años, sentí que podía dejar descansar por un tiempo mi sueño de pintar para labrarme un futuro. Sabía que debía concentrarme en ganarme la vida, y era algo que también disfrutaba.

Sin embargo, tenía ganas de aprender arte y pensé que podría tener talento, así que fui a visitar el Museo de Bellas Artes de Montreal. Me conmovieron e impresionaron los hermosos cuadros que colgaban de las paredes. Me sentí abrumado porque era la primera vez que visitaba un museo. Había tantos cuadros espléndidos a mi alrededor que me sentí inspirado. Mi corazón empezó a latir con fuerza. Quería pintar, y quería pintar ya. Decidí pasar algún tiempo en el museo los fines de semana. Las obras de Kandinsky, Riopelle, Mousseau y muchos otros artistas me impresionaron. Me inspiró en especial el expresionismo abstracto.

Le pregunté al señor Safran su opinión sobre pintar para ganarme la vida. Me escuchó de buen grado y se interesó por lo que tenía que decir sobre mis sueños y esperanzas artísticas. Le dije que quería ser artista, y me respondió sin rodeos que el arte no era una profesión y mencionó la expresión «artista muerto de hambre». Me dijo que la mayoría de los artistas no ganan lo suficiente para mantenerse y me instó a aprender un oficio. Me dijo que un oficio siempre garantizaría un trabajo. Continuó diciendo que él era sastre y mantenía a una familia. Podía enviar a sus hijas a la escuela, alquilar una casa y planeaba, en un futuro próximo, comprarla.

En el fondo de mi corazón y de mi alma sabía que quería pintar y que algún día lograría este sueño. El señor Safran me dijo que, si quería formar una familia, necesitaba un trabajo estable y saber que me pagarían todas las semanas y que debía vivir de acuerdo con mis posibilidades. Era realista y sensato, y como yo no sabía en realidad lo que quería o necesitaba, decidí pintar solo como pasatiempo.

Tenía un talento natural para el arte, pero ningún conocimiento académico, así que opté por ir al museo siempre que podía. También me hice miembro de la Asociación Hebrea de Hombres Jóvenes (YMHA, por las siglas en inglés de *Young Men's Hebrew Association*) y tomé clases de arte y escultura. Me encantaba el olor de la pintura al óleo y estar en una habitación rodeado de gente con intereses artísticos similares. Todos hablaban de cómo preparar los lienzos y mezclar los colores. Empecé a definir mi estilo personal de pintura. Compré libros de varios artistas, sobre todo expresionistas abstractos, en un esfuerzo por entender esta escuela de arte en particular. Quería comprender por qué me atraía el arte abstracto.

El amor no consiste en mirarse el uno al otro,
sino en mirar juntos en la misma dirección.

ANTOINE DE SAINT-EXUPÉRY, 1939

Unión y reunión

Buscaba un oficio, como me había sugerido el señor Safran. Uno de mis amigos trabajaba como peletero y estaba empleado en una fábrica de pieles del bulevar de San Lorenzo, no muy lejos de donde yo vivía entonces. Me dijo que fuera a la fábrica a ver a un hombre mayor llamado Rivalis y que le pidiera trabajo. El señor Rivalis parecía un hombre muy agradable. Me interrogó brevemente y, a pesar de que yo sabía muy poco de pieles, me contrató para trabajar como estirador de pieles. Después de unas semanas en mi nuevo trabajo, le pedí que me enseñara a coser pieles con la máquina de coser. Se mostró reacio y me explicó que temía que rompiera demasiadas agujas. Le ofrecí pagarle las agujas que rompiera y aceptó enseñarme. Al cabo de unas dos semanas, me había convertido en un operador decente, ya que no era mi primera experiencia con una máquina de coser. Solía visitar la fábrica de mi abuelo y cosía por diversión. Me había beneficiado de la experiencia en la fábrica de ropa de mi abuelo y ahora me involucraba en la industria peletera.

Poco después, el señor Rivalis me aumentó el sueldo de dieciocho dólares semanales a veinticinco. No era un gran sueldo para mí porque, como vendedor ambulante, a veces ganaba más de cien dólares a la semana. Pero estaba aprendiendo un oficio, como me había sugerido el señor Safran.

Yo seguía teniendo ambiciones, como es mi naturaleza. Había muchos operarios en la fábrica que ganaban entre cuarenta y cincuenta dólares a la semana, aunque yo era tan productivo como ellos. Me acerqué al señor Rivalis y le dije que me gustaría ser cortador. En aquella época, un cortador ganaba entre setenta y cinco y cien dólares a la semana, y si sabías cortar visones, te pagaban más de cien. Yo no creía que ni siquiera el señor Safran ganara tanto. Los cortadores fabricaban abrigos de cordero persa grises y negros, y al señor Rivalis no le entusiasmaba verme cortando pieles caras. Romper unas agujas era mucho menos grave que arruinar un atado de pieles, me explicó.

Hicimos un trato. Le di a Rivalis doscientos dólares y aceptó devolvérmelos si conseguía cortar mi primer abrigo. Además, solo me pagaría veinticinco dólares a la semana mientras aprendía a cortar. Me condujo a una gran sala de corte equipada con navajas y cuchillas especiales. Le dijo a Manny, el hombre que trabajaba allí, que me enseñara a utilizar un patrón y a cortar la piel. Observé al cortador mientras trabajaba, y no le importó. Me explicó que la piel crece en una dirección. Cuando se tiende un abrigo, la dirección del pelo tiene que ser la misma: siempre hacia abajo desde el cuello, la parte delantera, la espalda y las mangas. La forma correcta de acariciar la piel es en la dirección del pelo. Esto lo aprendí el primer día. El segundo día aprendí que las pieles más bonitas deben colocarse en la parte delantera de la chaqueta, donde son más visibles. Me sentí muy bien después de mi lección de dos días. El tercer día, estaba cortando pieles con la ayuda de mi instructor, Manny. Le dije a Manny que le había dado al señor Rivalis una fianza de doscientos dólares por si estropeaba el atado de pieles, pero Manny me aseguró que no dañaría la piel. Me dijo: «No te preocupes, eres un chico muy decidido; quieres ser bueno en lo que haces».

Tuve mucha suerte. Manny era mayor que yo, tal vez tenía cuarenta años, era bien parecido, alto y delgado, yo le caía bien y le entusiasmaba la idea de enseñarme. Era la segunda persona, después del señor Safran, que se interesaba en mi historia. Mientras me enseñaba, le contaba mi calvario en Europa.

Cuando estaba en la mesa de corte, pensaba en el señor Safran. Tenía razón. Aprender un oficio era lo correcto. Aprendí mucho de Manny. Nunca supe su segundo nombre, y no creo que nadie lo supiera. Parecía ser el capataz de la planta, y era un experto cortador de cordero persa. Cuando surgía un problema, todo el mundo le llamaba. Nos llevábamos muy bien. Yo era el cortador más joven del taller y estaba agradecido de que le cayera bien al señor Rivalis y me hubiera dado la oportunidad de aprender el oficio. Manny estaba muy impresionado con mi trabajo y a menudo me decía que tenía un talento natural para la peletería y buen ojo. Admitía que a veces yo diseñaba las chaquetas mejor que él, pero me advertía que el señor Rivalis no tenía la intención de pagarme el salario completo de un cortador, a pesar de mis habilidades.

Al cabo de un mes, pedí un aumento. El señor Rivalis me devolvió el depósito y me aumentó el sueldo a cincuenta a la semana. Ahora ganaba más dinero que muchos de los otros operarios. Aunque parecía un aumento enorme, no era la cantidad adecuada para un cortador de cordero persa. Sin embargo, me quedé porque necesitaba más experiencia.

Aunque a nivel económico me iba bastante bien, no estaba contento con mis circunstancias inmediatas. No quería acabar como Manny, de pie ante la misma mesa, cortando abrigos de cordero diaria y rutinariamente durante el resto de mi vida. A menudo pensaba en el señor Safran y en su consejo de aprender un oficio. Miraba a Manny y pensaba en el señor Safran, y el futuro de ambos no me impresionaba. Deseaba que mi futuro estuviera en el arte, pero seguí en la empresa peletera otros seis meses y conocí a proveedores y clientes. Entonces empecé otro capítulo de mi vida.

Había hecho muchos buenos contactos en el negocio de las pieles. Un hombre, mucho mayor que yo, me pidió que abriera una tienda con él en la calle St. Hubert. Su plan era ser un contratista para el comercio peletero y fabricar abrigos de piel. Quería cubrir ambos lados del comercio, al por mayor y al por menor. Por desgracia, no tenía dinero, pero yo sí. Había ahorrado las ganancias de mis actividades en el mercado negro en Europa, de la venta de puerta en puerta y, más recientemente, del negocio de pieles. Calculaba que el coste de abrir nuestra tienda sería de mil dólares, e iba a intentar obtener doscientos de la Asociación Hebrea de Préstamos Gratuitos. La asociación, fundada en Montreal por Zigmund Fineberg, había ayudado a miles de refugiados a abrir negocios, comprar sus primeras casas y a enviar a sus hijos a la universidad. La asociación no cobraba intereses por los préstamos y concedía de uno a dos años para devolver el préstamo en pagos semanales si tenías trabajo. Si no tenías trabajo, necesitabas un aval que garantizara el préstamo. El dinero disponible procedía de donadores y de los beneficiarios de los préstamos.

Mi posible nuevo socio sugirió que el señor Rivalis podría firmar un contrato para hacer negocios con nosotros. En cualquier caso, en 1950 iniciamos de forma oficial nuestra actividad como Empress Fur Company, en un nuevo edificio de la calle St. Hubert. El señor Rivalis estaba muy enfadado porque me había ayudado a formarme como peletero y yo me marchaba, y se negó a hacer negocios con nosotros. Sin embargo, abrimos nuestra tienda y nos fue bastante bien. En nuestra plantilla había un estirador, un operario y un terminador. Ofrecíamos un servicio de confección de abrigos de piel a medida y almacenábamos abrigos en consignación que se pagaban solo cuando se concretaba la venta. Vendíamos una gran variedad de abrigos: visón, cordero, cordero negro persa, chaquetas de piel de borrego, estolas y abrigos para niños. Empecé a viajar con regularidad a Hamilton, Kitchener, Windsor, Toronto y Quebec.

Ahora tenía un oficio y mi propio negocio, así que decidí que había llegado el momento de casarme; aunque todavía era muy joven, aún no había cumplido los veintiún años. Pero yo no me consideraba joven. Nunca me sentí así. Aunque me esforzaba en tener éxito, mi deseo más profundo era tener mi propia familia. Necesitaba un sentimiento de pertenencia, algo que me habían arrebatado y destruido hacía más de una década. Necesitaba una sensación de plenitud. Me sentía mucho mayor de lo que era y el tiempo se me acababa. En mi inconsciente, temía que me ocurriera algo negativo. No tenía paciencia. Sigo sin tener paciencia y hago las cosas impulsivamente. Tomo decisiones rápidas en los negocios y en mi vida privada. Sentía que si no empezaba mi familia de inmediato, quizá nunca podría hacerlo.

Vivir con la familia Safran era muy cómodo, y cuando empecé a salir con Helen, también me enamoré de ella; por suerte, ella sentía lo mismo por mí. Disfrutábamos muchísimo de nuestra compañía mutua, así que ella dejó de salir con otros chicos y comenzamos a ser novios. También era muy conveniente porque yo vivía en casa de los Safran. Casi me sentía como si ya estuviéramos casados y viviendo juntos.

Además, y lo que es más importante, su padre y su madre eran respetuosos y amables conmigo. Una vez, me enfermé y tenía fiebre alta, la familia llamó a un médico, y la señora Safran se ocupó de mí y me trajo sopa de pollo casera, su especialidad, una medicina para todo. En esencia, ahora disfrutaba de la vida familiar. Todas las noches, cuando el señor Safran llegaba a casa, su mujer siempre tenía la cena preparada. Se sentaban en familia y conversaban en la mesa. Era una familia muy unida y me hacían sentir parte de ella.

Vivían en un gran dúplex de cuatro habitaciones, una de las cuales me rentaron a mí. Desde luego, mi alquiler ayudaba a pagar los gastos. El señor Safran participaba de manera activa en el Círculo de Obreros de Montreal e iba con frecuencia a las reuniones, y a menudo su mujer se quejaba de que pasaba demasiado tiempo allí.

Como mi negocio de peletería iba bien, pensé que era el momento de casarme. Estaba seguro de que me iría aún mejor en la peletería y de que no tendría problemas para mantener a una mujer. Seguiríamos viviendo con los Safran. La señora Safran se comportaba como si fuera mi madre, y yo sentía que cuidaría de mí como si fuera su hijo. Desde que llegué a Canadá, me había sentido como un inmigrante no bienvenido, y pensé en cambiarme el nombre de Munio Schmerer. No quería casarme con ese apellido. Era natural cambiar mi nombre de Munio por Max, así que decidí convertirme en Maxwell Smart, que sonaba como un bonito nombre canadiense. Decidí que no quería rebautizarme

Oziac Fromm porque me recordaba a mi pasado: a mi difunta familia y los horribles recuerdos de cómo murieron. Sentí que Oziac Fromm había muerto con su familia y que mi nueva vida había comenzado en Canadá. Había deseado desesperadamente olvidar la guerra, pero ahora me doy cuenta de que cometí un gran error al no conservar mi apellido, y lo lamento mucho. Cuando, a los ochenta años, empecé a escribir este libro sobre mi vida, fue en memoria de mi familia.

El 24 de diciembre de 1950, tras recibir el permiso del Congreso Judío Canadiense, me casé con Helen Safran. En aquella época, la ley exigía que los menores de veintiún años obtuvieran el consentimiento paterno para casarse. Como yo no tenía padres, tuve que ir al CJC, y me exigieron que siete tutores firmaran documentos antes de darme permiso para casarme.

Yo era increíblemente feliz. Ahora tenía una hermosa mujer que me amaba y era miembro de una gran familia. Tenía una familia, una mujer, un negocio, un hogar y unos padres. La vida era buena.

Una noche, mientras cenaba con mi nueva familia y me dirigía a los padres de Helen como siempre hacía, «señor y señora Safran», la señora Safran me interrumpió y me dijo que los llamara Ma y Pa. Se me llenaron los ojos de lágrimas y dejé de sentirme huérfano. Había estado solo durante mucho, mucho tiempo.

La familia Safran estaba dispersa por Estados Unidos y Canadá. La hermana del señor Safran había llegado a Montreal antes de la guerra y había conseguido que la familia emigrara a Canadá. Los abuelos de Helen habían emigrado a Los Ángeles. En Nueva York había numerosos familiares que habían llegado a Estados Unidos antes de la guerra. Muchos de ellos eran bastante prósperos y habían ayudado a Issie Safran a empezar su nueva vida en Canadá. Unos años después de que Helen y yo nos casáramos, su hermana, Rhoda, se casó con un joven muy agradable llamado Eddie Albert, y con el tiempo tuvieron dos hijos, Alanna y Darren. Me sentía muy afortunado de pertenecer a una familia numerosa y consolidada.

Éramos una pareja joven, felizmente casada, y estábamos dispuestos a comprar una casa. Helen trabajaba como secretaria en una gran empresa del centro de Montreal. Yo tenía mi propio negocio de peletería y ambos trabajábamos duro. Habíamos ahorrado lo suficiente para comprar una casa, tener un hijo y formar una familia. Helen me dijo que su madre le había sugerido que esperáramos antes de tener la responsabilidad de los hijos. Sabía que mi suegra tenía razón y no me arrepentí de haber esperado. Helen y yo lo pasamos muy bien. Viajamos y no teníamos preocupaciones.

En los suburbios estaban construyendo muchas casas, y no muy lejos de Montreal había una urbanización que nos interesaba, en el suburbio de Chomedey. Teníamos que cruzar un puente para llegar a Chomedey, así que nos parecía que estaba muy lejos. Después de ver una casa modelo, nos emocionamos mucho; era una casa preciosa y nueva, con tres recámaras, comedor, cocina, sala de estar y garaje. Las casas nuevas estaban situadas en un terreno accidentado pero nivelado, así que no había pasto, solo barro. Recuerdo que fui a comprar césped y lo puse yo mismo.

Lo que en verdad me entusiasmaba de nuestra nueva casa era el sótano sin terminar, porque iba a poder montar un estudio y empezar a pintar. Llevaba buscando esta oportunidad desde que había llegado a Canadá. Sin consultar a mi suegro, hice el depósito para la casa. Corría el año de 1957 y la dirección era 1740 en Mayfield Avenue, Chomedey. Me pareció todo un logro para un superviviente del Holocausto tener su propia casa, y cuando volvimos a casa de los Safran, les contamos entusiasmados lo que habíamos hecho, pero no estaban muy contentos de que no se les hubiera consultado una decisión tan importante.

Mi vida cambió por completo cuando nos mudamos a Chomedey. Empecé a pintar sobre diversas superficies: yute, tablas, cartones, toallas de cocina y papel. También hice mis propios lienzos. Aún conservo algunas de esas primeras obras, no están a la venta.

En los años 60 empecé a pintar obras figurativas. Recuerdo que le vendí a un hombre llamado Haim Radler un pequeño lienzo que representaba a un payaso. Yo le había estado comprando interruptores eléctricos para mi negocio y, cuando vio este cuadro, lo compró de inmediato. Sin embargo, no me sentía preparado para presentar mi obra al público en general. Cuarenta años después, tras abrir mi propia galería, conocí a la viuda de Radler, Pnina, y me dijo que aún tenía el cuadro del payaso colgado en su sala.

En los años 70, me orienté hacia el tachismo, que es una forma de arte que comenzó en la década de 1950. El término *tachismo* deriva de la palabra francesa *tache,* que significa mancha. También me atrajo el dadaísmo porque rechazaba el realismo, la lógica y la racionalidad. Inconsciente y conscientemente, mi mente y mis manos se dejaban guiar. Sin embargo, la forma de arte más interesante para mí seguía siendo el expresionismo abstracto, que era también un movimiento de posguerra de los años 50, que adopté y refiné en mi propio estilo. Me interesaban mucho los movimientos artísticos de posguerra y, a medida que me familiarizaba con el arte y la historia del arte, redefinía mi estilo y mi actitud. Me atraía el estilo de Paul-Émile Borduas y de Jean-Paul Riopelle, cuyas obras se exponían en el Museo de Bellas Artes de Montreal. También me interesaban los cuadros de Jackson Pollock, aunque mi estilo es mucho más pesado, dramático y explosivo. Otra influencia importante en mi búsqueda de un estilo único fue Kandinsky. Era rebelde y se negaba a conformarse. Quería ser libre para pintar sus pensamientos e ideas, y eso era lo mismo que yo quería. Por supuesto, sería el público quien determinaría si yo había hecho una contribución única al mundo del arte.

El arte abstracto se había popularizado en Estados Unidos. Era una forma de arte posterior a la Segunda Guerra Mundial y lo que se pintaba no era realista, sino un acontecimiento. Era la liberación de la realidad, la política y la estética. Muchos de los expresionistas abstractos utilizaban grandes lienzos y los pintaban por completo. Todo el lienzo tenía la misma importancia, a diferencia del enfoque en el centro, como ocurría en la mayoría de las obras convencionales.

Uno de mis primeros cuadros fue un abstracto muy colorido, una pequeña pieza de aproximadamente 45 por 50 centímetros.

Cuando se secó, aunque aún no estaba enmarcado, lo metí en mi coche y lo enseñaba a todo el mundo siempre que podía. Cuando se lo mostré a un hombre con el que hacía negocios y quiso comprármelo, me sentí muy orgulloso y valorado. Fue todo un logro saber que mi arte valía la pena.

Con el tiempo, desarrollé mi propio estilo y la gente respondió de forma positiva a mi obra. Trabajaba muchas horas y empecé a vender muchos cuadros. Los precios eran razonables y me encantaba que la gente apreciara lo que creaba. Para mí era muy importante saber que mis cuadros gustaban y se exhibían en las casas de la gente.

Cuando alguien me pregunta por qué soy artista, respondo simplemente que me siento obligado a crear. Disfruto con el acto de dibujar, pintar y expresarme, y me pierdo en la tarea creativa.

En los años que siguieron a nuestro traslado a Chomedey, muchas cosas cambiaron. Chomedey se convirtió en Laval, y Laval en una gran ciudad, y muchas parejas jóvenes empezaron a comprar casas allí.

Amueblamos nuestro hogar y tuvimos dos hijos. Nuestra primera hija, nacida en 1954, se llamaba Faigie, como mi madre; y nuestro hijo, Lorne, nació cinco años después. Se llamaba como mi padre, Lieb. Me sentía feliz y seguro.

El tiempo pasa rápido cuando uno está contento y satisfecho. Los niños y Helen eran toda mi vida. Me convertí en padre y proveedor, y me aseguré de que mis hijos tuvieran las ventajas educativas que a mí me negaron las circunstancias de la guerra. También hice todo lo que pude para darles el tipo de orientación paterna que es tan importante en los años de formación de un niño: la orientación que yo no tuve cuando me arrebataron a mi madre y a mi padre.

Intenté olvidar el asesinato de mi familia, pero en mi corazón siempre estaban ahí. Trataba de no pensar en ellos, pero incluso después de muchos años, sus rostros estaban grabados en mi memoria. A menudo pensaba en cómo serían ahora. Durante los años que había vivido en Montreal, no había oído hablar de nadie de Búchach. Pertenecía a la YMHA, y tenía muchos amigos de Hungría, Rusia, Rumanía y Polonia, pero nadie de mi pueblo. Era como si la ciudad nunca hubiera existido. Por mucho que buscaba a alguien de Búchach, no lo conseguía.

Una parte de mí no quería descubrir los detalles sobre el asesinato de mi familia. Ya era bastante difícil superar la tristeza e intentar olvidar las atrocidades que había visto con mis propios ojos. Llevaba muchos años en Canadá y me preguntaba por qué nadie de mi familia me buscaba. Este simple y poco afortunado hecho subrayaba la realidad de que no tenía a nadie en el mundo. Así que, como muchos supervivientes, prefería no hablar del Holocausto con nadie. No quería recordar los años de pesadilla ni cómo sobreviví. La guerra se desvaneció en un tenue recuerdo, y mi mundo había empezado de nuevo en Montreal, Canadá. Montreal era ahora mi hogar. Tenía un negocio, una casa, una mujer y dos hijos. La guerra había ocurrido hacía mucho tiempo, y los recuerdos eran muy desagradables e hirientes. No quería hablar del pasado con mi familia. Solo les hablaba del futuro.

Un día de 1964, mi suegro nos dijo que había ido a ver a un peluquero nuevo en el barrio y que el peluquero era originario de un pueblo cercano a Búchach. Por desgracia, cuando mi suegro le preguntó por el apellido Fromm, el barbero no lo reconoció, pero le dijo que pronto iría a Israel a visitar a su familia y que allí había una sociedad que ayudaba a encontrar personas y a unir a familias perdidas. Le di a mi suegro una lista de tres nombres para que el barbero intentara encontrar información sobre ellos —Kissel, Klanfer y Fromm—, así como mi número de teléfono y mi dirección en Chomedey, por si la sociedad encontraba a alguien de mi familia.

Cuando volvió de Israel, el barbero le dijo a mi suegro que la sociedad no reconocía ningún nombre de la lista. Pero dijo que sí habían registrado mi información y prometió preguntarles a otros miembros si reconocían los nombres.

Unos meses más tarde, recibí una carta de una mujer de Israel que me preguntaba por qué me interesaban los apellidos Fromm, Kissel y Klanfer. Mencionaba que estaba emparentada con estas familias y me preguntaba si conocía a alguien de ellas. Por supuesto, escribía a Maxwell Smart, así que no entendía por qué alguien llamado Smart se interesaba por las familias Kissel, Fromm y Klanfer.

Le contesté explicándole la complicada historia, ¡y resultó que era mi tía Erna!

Empezamos a intercambiar cartas y enseguida comencé los preparativos para visitarla. Me alegré mucho de encontrar por fin a un miembro de mi familia. Ahora sentía que tenía raíces y familia. Por fin podía verificar mis antecedentes. Era reconfortante saber que aún quedaba alguien vivo de mi pasado. Tenía muchas preguntas sin respuesta, algunas de ellas de hacía décadas.

Decidí visitar a mis tíos en Israel con Helen, nuestra hija Faigie, que ahora tenía diez años, y nuestro hijo Lorne, de cinco. Cuando mi tía Erna y mi tío Jacob nos recibieron en el aeropuerto de Tel Aviv, fue muy emocionante; todos lloraban y reían y se abrazaban y besaban. Fue un reencuentro muy feliz. Fue un momento maravilloso y memorable para mi familia y para mí. Cogimos un taxi hasta su casa, en Even Yehuda, y estuvimos recordando el pasado hasta altas horas de la madrugada. Me preguntó por qué no había vuelto a Búchach, y le conté lo que Jasko me había dicho cuando fue a cobrar el dinero que le debían pagar por tenerme en su casa. El dueño del restaurante le había dicho que no había más dinero para él, ya que mis tíos habían muerto.

Mi tía me relató entonces su experiencia con el dueño del restaurante cuando bajó aquel día a ver al grupo que se escondía en el sótano. Les dijo que el granjero había ido a su restaurante para comunicarle que me habían capturado y matado. Era una doble mentira. Probablemente, el hombre había decidido inventar esta historia para reducir las posibilidades de que los nazis descubrieran sus planes de acoger a seis judíos. En su restaurante, frecuentado por la gente de la zona, las visitas periódicas de un campesino debían de ser difíciles de explicar. Al mentirle, el propietario del restaurante tal vez pensó que seguía la mejor estrategia para garantizar la supervivencia de las personas que escondía. Para nosotros no era importante especular demasiado sobre el pasado, aunque le pedí a mi tía que me ayudara a localizar a Jasko. Por desgracia, ella no tenía ni idea de dónde encontrarlo, porque la familia que me había llevado a casa de Jasko se lo había recomendado. En general, no queríamos sacar a relucir todos nuestros años perdidos juntos y todo el dolor. Por fin nos habíamos reunido.

Mis tíos vivían en una pequeña casa de concreto prefabricada que tenía un dormitorio, una cocina y un cuarto de baño. No tenían habitación de invitados, pero sí una pequeña sala de estar cerca de la entrada. Habían construido una cama provisional con unos bancos que les había prestado un vecino y la habían cubierto con dos colchones, pero en realidad no era adecuada para nosotros cuatro. En cualquier caso, aquella noche no dormimos bien. Los niños durmieron entre Helen y yo, y sabía que sería imposible pasar diez noches en esas condiciones. Por la mañana, tomé un taxi hasta un hotel de Tel Aviv y renté habitaciones para nuestras dos familias. Quería que mi tía se quedara conmigo en el hotel y se divirtiera. Recuerdo que se vestía muy bien para desayunar, ya que en Israel el desayuno es una ocasión importante y a ella le gustaba arreglarse. Visitamos sitios turísticos, intercambiamos recuerdos y cenamos juntos todas las noches.

Un día antes de irnos a Canadá, volví a casa de mi tía porque me había dicho que tenía algo para mí que había pertenecido a mi madre. Era nuestro magnífico y enorme candelabro de plata, que había sido un regalo de mi abuelo para mi madre el día de su boda. La tía Erna me preguntó si lo recordaba de mi casa, y le contesté que me acordaba de que estaba sobre la mesa del comedor con las velas encendidas en la cena de Shabat. Rememoré a mi madre sacándole brillo en la cocina, y me imaginé toda mi casa como era hacía treinta años. Mi madre le había dado el candelabro a su hermana para que lo escondiera. Mi tía se lo llevó a su búnker mientras estuvo escondida durante tantos años. Tenía la esperanza de que, algún día, encontraría a algún sobreviviente de la familia de su hermana y tenía el presentimiento de que no debía venderlo. Varias veces, cuando tuvo problemas económicos, le ofrecieron una cantidad considerable de dinero por el candelabro, pero ella se negó a venderlo. Es muy antiguo y muy valioso. Se alegró mucho de que yo pudiera quedármelo y de que eventualmente pudiera dárselo a mis hijos. Nunca olvidaré cuando mi tía me dijo que, como no tuvo hijos, siempre me había querido como a uno. En ese momento, mis tíos ya tenían más de setenta años y seguían enamorados y cuidándose mutuamente. Después de abrazarnos, besarnos, y con la promesa de que volvería a Israel, los dejamos y regresamos a Canadá. Después hice muchos viajes a Israel, y mi tía nos visitaba a menudo en Montreal.

El candelabro es la posesión más valiosa de mi casa, no en términos monetarios, sino en valor simbólico. Me recuerda a mi familia y los momentos felices que pasé en Shabat con ellos. Siento el candelabro como una conexión entre mi madre y yo, una conexión que durará para siempre. A veces imagino que está en mi casa y, cuando lo veo, recuerdo mi vida anterior. No puedo explicar mis sentimientos de forma racional, pero el candelabro me reconectó con mi familia. Si no hubiera sido por mi tía, mi pasado habría sido tan solo una sombra lejana en mi mente. No sé dónde están enterrados los miembros fallecidos de mi familia. También fueron destruidas las tumbas de parientes que murieron antes de la guerra, mucho antes del Holocausto. Nunca quise volver a Polonia, donde no quedaba nada que indicara que alguna vez hubiera existido una familia Fromm/Kissel/Klanfer. ¿Para qué tenía que volver? Habría sido demasiado doloroso. La supervivencia de mi tía y del candelabro, esta mágica pieza de plata, simboliza a todas las generaciones que me precedieron y tiene una importancia monumental para mí.

Mi tío falleció en 1976 y mi tía en 1988, y aunque ellos ya no están, siempre que visito Israel enciendo una vela en sus tumbas. Es el único lugar del mundo donde sé que tengo familia.

Incluso una vida feliz no puede estar exenta de cierta oscuridad, y la palabra «feliz» perdería su significado si no estuviera equilibrada por la tristeza.

CARL JUNG, 1960

ENCONTRAR EL EQUILIBRIO

En 1965 dirigía una empresa que importaba maquinaria metalúrgica de Japón y Taiwán, y el éxito de la empresa hizo que necesitara más espacio. Me di cuenta de que podía ser una oportunidad para entrar en el negocio inmobiliario. Varios amigos míos habían empezado a comprar propiedades muchos años antes y parecía que les iba muy bien, así que, con esa idea en mente, decidí buscar una propiedad para comprar. Necesitaba un espacio industrial de entre mil ochocientos y tres mil metros cuadrados, que tuviera una o dos puertas grandes de embarque para recibir contenedores y que estuviera en una buena ubicación, céntrica.

Un día, mientras conducía por la calle Saint Urbain, vi un edificio industrial en venta que estaba enclavado entre los dúplex y las casas de la zona. No era exactamente lo que buscaba, pero me pareció que tenía potencial y decidí llamar al agente. El edificio tenía el tamaño adecuado para mí, unos tres mil metros cuadrados. En la planta baja había mil ochocientos metros cuadrados de almacén y en la segunda planta había oficinas. Adyacente al edificio, había un pequeño terreno de unos mil doscientos metros cuadrados. La propiedad estaba alquilada a dos inquilinos, pero quedaba suficiente espacio libre para mi negocio.

No tenía conocimientos inmobiliarios, ya que era mi primera aventura inmobiliaria comercial. No sabía que tenía que consultar al respecto con el ayuntamiento y el agente de ventas no lo mencionó. Más tarde me enteré de que solo estaba zonificado para uso residencial, y este desafortunado hecho me causaría muchos dolores de cabeza y muchos disgustos en los años venideros. El agente mencionó que el edificio se podía comprar por setenta y cinco mil dólares, con un depósito mínimo de diez mil dólares, y que el propietario estaba dispuesto a darme un plazo. Sonaba razonable, y tenía los diez mil para el depósito sin necesidad de hipoteca. Ya fuera por la emoción de poseer un edificio o por la necesidad de arriesgarme, sentí que mis instintos me guiaban.

Cuando llegué a casa y le conté todo a Helen, me dijo que quería ver el edificio de inmediato. Mientras íbamos en el coche, esperaba que no se sintiera decepcionada, pero sabía que sería satisfactorio para mi negocio y, con suerte, también una inversión rentable. Cuando vio el inmueble, se quedó muy impresionada y entusiasmada, y yo también. En ese momento, mi pasado apareció como siempre, y pensé en mí mismo desde hacía muy poco tiempo. Yo había sido un don nadie en Canadá, un huérfano, un niño sin familia, sin madre, sin padre e incluso sin nombre, un niño sin supervisión, un niño sin guía, solo en el mundo desde los doce años. «¿Recuerdas el pasado?», me pregunté. «Sí», dije, «lo recuerdo». Recuerdo cuando me escondía, cuando estaba en el bosque, solo, con frío, hambriento, sucio; mi único sueño era tener una rebanada de pan y sobrevivir hasta el día siguiente y que no me mataran. Recuerdo con claridad que discutía con Dios porque no tenía a nadie con quien discutir, ni siquiera a nadie con quien hablar, y sentía que me estaba volviendo loco. «Pero esa experiencia es cosa del pasado», me dije, «y mírate a ti mismo hoy; mira al futuro y mira tus logros después de tan poco tiempo en Canadá: estás casado, tienes tu propia familia, tienes dos hijos, vas bien vestido, no llevas harapos, no tienes hambre, tienes tu propia casa y ahora estás a punto de comprar tu propio edificio». Pensaba que Dios me había abandonado, pero no fue así. Debe de haber una razón por la que me eligió para vivir. No entiendo el porqué, pero lo que sí sé es que de unos ocho mil judíos que vivían en mi ciudad, solo cien sobrevivieron, y yo soy uno de ellos. «Gracias», le dije a Dios.

A lo largo de los años he tenido muchos encuentros con el pasado. En mis dos vidas, el pasado y el futuro siempre están ahí; aparecen muy a menudo, más ahora que antes. He intentado mantenerlos separados, pero son como dos personas diferentes que viven en un mismo cuerpo. El pasado no es bienvenido en mi futuro porque el pasado solo es odio y miseria, hambre y miedo, sin saber lo que traerá el mañana. No, el pasado no es bienvenido en mi futuro. Quiero olvidar, pero no puedo. Creo sinceramente que Dios me ha elegido para vivir, pero me ha elegido para vivir en el futuro y no en mi horrible pasado. Mi pasado nunca podrá formar parte de mi futuro, porque el odio no combina bien con la felicidad. El odio mata, crea guerras e incita al racismo; el odio crea antisemitismo y genocidios. El odio creó mi pasado y eso no debe volver a ocurrir.

Sin experiencia ni consejos de nadie, seguí mi instinto y compré la propiedad. Confiaba en poder resolver cualquier problema que pudiera surgir. Aceptaron mi oferta y seis semanas después me convertí en dueño de mi primer inmueble industrial.

Poco después trasladé mi negocio de importación y ocupé parte del edificio durante unos años. El negocio iba bien, el local me quedó pequeño y necesité un espacio aún mayor. Vendí el 50 % de la propiedad de Saint Urbain a una empresa de plomería por 7 500 dólares, duplicando con creces mi inversión.

Cinco años más tarde, en 1973, me puse en contacto con el mismo agente para ver si tenía otras propiedades en venta. Me dijo que tenía un terreno baldío en venta en la calle Wright, de Ville Saint-Laurent, frente a la autopista Laurentian. Inspeccionamos el terreno, que daba a la autopista, y supe que esa parte de Ville Saint-Laurent estaba muy solicitada. El terreno medía aproximadamente cuarenta y seis mil metros cuadrados y era un predio arbolado. Tenía zonificación industrial para un edificio de casi veinte mil metros cuadrados, lo que significaba que mi negocio ocuparía cuatro mil quinientos metros cuadrados y podría alquilar el resto. Instintivamente me gustó la zona y comprendí el potencial que tenía, pero no poseía experiencia como promotor inmobiliario y me di cuenta de que necesitaría un socio para acometer este enorme proyecto.

Tras un periodo de negociación, acepté una oferta y ahora tenía que dar el siguiente paso: encontrar un socio. Tenía varios amigos en el sector de la construcción, así que intenté decidir quién tenía la experiencia y el valor necesarios para llevar a cabo este proyecto industrial. Construir por encargo siempre es arriesgado. Consideré la posibilidad de asociarme con mi amigo Eddie Stern, que por entonces construía con éxito viviendas en Repentigny. Tenía experiencia en construcción, promoción y la banca, y era, como yo, una persona decidida.

Llamé a Eddie, con la esperanza de que se convirtiera en mi socio. Al día siguiente, nos reunimos en mi despacho para hablar del proyecto. Revisamos juntos la oferta y él también vio el gran potencial y el dinero que se podía ganar. Sin dudarlo, sacó su chequera y extendió un cheque por la mitad del depósito, y nos convertimos en socios. Eddie me miró y me dijo: «Ahora que somos socios, déjame ver lo que acabo de comprar». Muy poca gente compraría un terreno sin verlo. Solo por este gesto, supe que la toma de decisiones sería fácil con Eddie. Sabía que había encontrado al socio adecuado. Esta asociación duró veinticinco años. Fue fácil y divertido pasar la mayor parte de mi vida empresarial con Eddie, y a los dos nos fue bien.

En los doce meses siguientes despejamos el terreno, preparamos los planos de construcción, obtuvimos los permisos necesarios, diseñamos el edificio y conseguimos financiaciación. Por fin estábamos listos para construir. En poco tiempo, el edificio estaba construido; rentamos el espacio a unos excelentes inquilinos y mi negocio de maquinaria se trasladó a su nueva ubicación.

Este fue el comienzo de muchos proyectos inmobiliarios que emprendí con Eddie Stern. Durante las dos décadas siguientes pudimos acumular una importante cartera de propiedades industriales y de oficinas para nuestra empresa, Edma Investments, cuyo nombre derivaba de «Ed», de Eddie, y «Ma», de Max. El sector inmobiliario estaba resultando tan lucrativo que decidí vender mi negocio de maquinaria y concentrarme a tiempo completo en el sector inmobiliario.

Eddie y yo no solo éramos socios, sino también buenos amigos y vecinos. Ambos vivíamos en Hampstead, y su mujer, Shirley, era íntima amiga de Helen. Cuando Eddie y yo empezamos a trabajar juntos, nuestros hijos eran pequeños y estaban en el colegio. Con el paso de los años, las cosas cambiaron y nuestros hijos crecieron, completaron su educación y comenzaron sus propias carreras. Los hijos de Eddie, Derek y Richard, se unieron a su padre en su otra empresa, Olymbec Construction, que acabó convirtiéndose en una de las mayores empresas inmobiliarias privadas de Quebec. Mi hijo Lorne se convirtió en un exitoso agente inmobiliario. Después de veinticinco años juntos, Eddie y yo decidimos que debíamos separarnos. Pusimos fin a Edma Investments y dividimos las numerosas propiedades que habíamos adquirido y desarrollado. La parte de las propiedades de Eddie se fusionó con su Olymbec Construction, y yo abrí una nueva empresa llamada Opex Real Estate Management. Lamentablemente, Eddie falleció en 2012. Me mantengo en contacto con su mujer, Shirley, y seguimos siendo amigos. Veo a Derek y Richard con bastante frecuencia, y mis hijos tratan con ellos de forma habitual. Un día, Richard me llamó para comprar uno de mis cuadros como regalo de cumpleaños para su mujer, Marnie. Eligió uno de mis cuadros florales y dijo: «Este sé que le encantará». Me hizo muy feliz.

Este periodo feliz y gratificante de mi vida se interrumpió el 24 de diciembre de 1984. Helen, mi compañera y mi amor, la madre de mis hijos, murió a los cincuenta y dos años, de cáncer. Fue una pérdida trágica y terrible para mis hijos y para mí. Me quedé solo de nuevo, ya que mis dos hijos tenían sus propios hogares. Tenía cincuenta y cuatro años y había aprendido, a través de experiencias aterradoras, que la vida continúa tanto si estás destrozado como si eres feliz.

Mi hija, Faigie (Faith), se había mudado a Toronto. Mi hijo Lorne vivía en su propia casa en Saint-Laurent. Faith se casó con Ian Segal en 1986, se trasladó a Ottawa desde Toronto y me dio dos nietos preciosos: Tara y Jay. Lorne, mi hijo, se casó con la doctora Sharon Pearl, y también tienen dos hijos maravillosos: Brandon y Adam. Les agradezco que vivan cerca de mí.

Pero en aquel momento volvía a estar solo; no era un niño, sino un viudo de cincuenta y cuatro años. No me escondía, pero vivía solo, con el recuerdo de mi mujer, Helen, y los únicos sonidos que oía en la casa grande eran la radio o la televisión. Empecé a deprimirme y a sentir lástima de mí mismo. Comencé a tener pesadillas en las que me escondía en el bosque, sin nadie que cuidara de mí. Había enterrado mi pasado durante más de treinta y cuatro años, pero unos recuerdos aterradores me atormentaban y no soportaba estar solo.

Bajo la sombra de la tristeza, empecé a descuidar mi negocio y a mí mismo. Comencé a sentirme deprimido y ansioso. Cuando se ponía el sol y oscurecía, me sentía de nuevo solo en el bosque, escondiéndome de los asesinos, y recordaba a mi familia ausente y añorada. Me sentía bien durante el día, pero la noche me traía recuerdos de terror. No sabía qué hacer y volví a perderme.

La muerte de Helen tuvo un efecto psicológico y físico en mi vida. Era tan joven cuando murió, pero ni todos los medicamentos y médicos disponibles pudieron ayudarla. Parecía que la muerte me había seguido hasta Canadá. Estaba tan destrozado por la pérdida de mi mujer que dejé de pintar por completo. Mi luto era tan profundo que dejé de hacer lo único que me gustaba: pintar. Intentaba empezar un cuadro y colocaba un lienzo en mi caballete, pero me sentía paralizado. Era incapaz de crear nada. Mis pinceles estaban secos, mi caballete, desnudo, y mis asuntos estaban en desorden. “¿Por qué yo?», me preguntaba continuamente. “¿No he soportado ya bastante?».

Mis hijos comprendieron mi depresión. Una vez más, me vi acosado por demonios que emergían del pasado. Resurgió mi miedo a la soledad. Mi hogar no era más que una casa en la que dormía. Encontrar una compañera con la cual compartir la vida es una alegría poco frecuente. ¿Qué posibilidades tenía yo, asolado por el Holocausto y ahora marcado por la pérdida de mi mujer, de volver a ser feliz?

Intenté sumergirme en mis descuidados asuntos empresariales para aliviar mi dolor. Sabía que tendría que empezar mi vida de nuevo. Por difícil que fuera, tenía que intentar dejar atrás mi gran pérdida. No sabía que estaba a punto de comenzar un nuevo capítulo y que mi vida pronto mejoraría. Trabajaba con una mujer llamada Tina Russo, una atractiva divorciada con un hijo de cuatro años, Anthony. Tina era asistente administrativa en mi oficina. Un día, desanimado y cansado de comer comida insípida solo, le pedí a Tina que saliera a cenar conmigo. Estaba harto de volver a casa en silencio y me sentía atraído por aquella joven tan guapa.

Tina me encantó. La invité a salir una y otra vez. Empezó el proceso de hacer comprender a mis hijos que su padre tenía una segunda oportunidad de ser feliz. Sorprendentemente, en dos o tres años, Tina se convirtió en un miembro bienvenido y querido de la familia, no solo para mis hijos, sino también para los padres de mi difunta mujer, los Safran.

Tina y yo crecimos como pareja y me di cuenta de que era una mujer extraordinaria. Tenía una mente impresionante para los negocios, pero volvía corriendo del trabajo para preparar mi cena favorita. Tina se interesaba por la hija pequeña de Faith e Ian, Tara, cuando venían de visita, y Faith llegó a la conclusión de que si Tina quería ver a su bebé, debía de ser una persona cariñosa y afectuosa. Hizo florecer nuestros jardines con parterres espectaculares, que impresionaban a todo el que pasaba por la casa. Me inspiró para volver a pintar. A muchos vecinos les gustaba venir a nuestra casa a ver los jardines que había creado.

Tina es una persona extraordinaria y es ideal para ser mi compañera. Había encontrado una compañera preciada: mujer, madre, abuela de mis nietos y, además de todo, empresaria y jardinera espectacular. De repente, mi casa de Hampstead cobró vida de nuevo y volví a tener una familia.

Cuando Tina llegó a mi vida, tenía tres hermanos casados y con hijos. Su hermano mayor, Angelo, y su mujer, Nina, tienen dos hijos, Marco y Louis. Su hermano menor, Tony, y su mujer, Mary, también tienen dos hijos, David y Michael. Su otro hermano menor, Frankie, tiene una hija llamada Amanda. Los padres de Tina fallecieron hace años, pero ella aún mantiene una estrecha relación con la hermana de su padre, la tía (Zia) Concettina Russo Monaco, en Santa María, Italia.

Tina y yo unimos nuestras familias: mi hija Faith, su marido Ian y sus hijos Tara y Jay; mi hijo Lorne y su mujer Sharon y sus hijos Brandon y Adam; y Anthony, el hijo de Tina con su primer marido, Peter Katsoudas. Tina se convirtió en algo más que una compañera: me inspiró con su presencia. Sin duda, Tina Russo Smart ha reabierto mi mundo de felicidad.

Por primera vez, me sentí capaz de contar la historia de mis terribles experiencias durante el Holocausto. Pude revivir la pesadilla de mis primeros años. Había mantenido mi pasado en secreto durante mucho tiempo y nunca había hablado de él. No quería recordarlo porque me deprimiría.

Sobre todo, Tina comprendía mi necesidad de pintar. Había asumido la mayor parte de las responsabilidades de la gestión de mi negocio inmobiliario con rápida eficiencia. Cuando podemos escaparnos a nuestro apartamento de Florida durante unas semanas, me gusta pintar en una de las recámaras que he convertido en estudio. Mientras estoy en Florida, pinto casi todos los días, y cuando he acumulado un gran número de cuadros, los envío de vuelta a Montreal. Vendo mis obras de forma privada en Florida, y algunos de mis cuadros se exhibieron en la Sher Gallery de Gulf Stream. También pinto en la sala, donde puedo trabajar lienzos de gran formato. Tina siempre se alegra de verme en mi elemento. En verano, pinto al aire libre en nuestro jardín de Montreal, disfrutando del aire fresco. Recientemente he comenzado a esculpir, y Tina se queja del desorden, pero en realidad no le importa mucho.

Un destacado subastador y distribuidor de arte de Montreal, Abe Rogozinsky, de Empire Auctions, se puso en contacto conmigo y me pidió que presentara un cuadro en una de sus subastas. Me hizo mucha ilusión porque vendía arte, era consultor y le gustaba mi obra. Mi cuadro se vendió rápidamente en la subasta, y él se mostró muy entusiasmado y me pidió que le proporcionara tres pinturas al mes para sus subastas en Toronto, Montreal y Ottawa. Cuando el señor Rogozinsky vio uno de mis cuadros en mi casa, dijo que yo era un «artista condenadamente bueno». Esa obra en concreto se llama *Heaven and Music #2,* y es una pieza bastante grande, de ciento treinta y ocho por ciento sesenta y tres centímetros. Podría haber vendido *Heaven and Music #2* muchas veces, pero Tina está enamorada de él.

Abe quería contribuir a consolidar mi reputación como artista. Se estaba imprimiendo una nueva edición de *Guide Vallée* para los años 1993-1994. Decidió incluir mi cuadro *Dreaming* (1973) en el libro. En aquel momento no sabía mucho sobre qué era exactamente la *Guide Vallée*, pero me enteré de que era un libro de referencia que presentaba a mil quinientos setenta artistas e incluía sus biografías y los últimos precios de venta de sus cuadros. Me sentí muy honrado de figurar como uno de los más de mil artistas, junto con Jean-Paul Riopelle, cuyos cuadros están valorados en ochocientos mil dólares; Jean Paul Lemieux, con obras que alcanzan los cien mil dólares; Alfred Casson, cuyos cuadros están cifrados en sesenta y cinco mil dólares; y las pinturas de A. Y. Jackson, en ocho mil dólares. Me alegré mucho de ver mi cuadro publicado y quedé muy satisfecho con el precio que recibió el señor Rogozinsky en la subasta.

Estaba demasiado ocupado con mis asuntos cotidianos como para dedicar tiempo a satisfacer la demanda de mi arte. No encontraba tiempo para pintar sin interrupciones. Tenía que ocuparme de los negocios y, una vez más, pospuse la pintura.

Sin embargo, los lienzos se acumulaban en mis tres estudios. Tina pensó que debía exponer mis obras porque Empire había vendido varias y el señor Rogozinsky siempre me pedía otras. Tina me sugirió que construyera una galería en un espacio de 900 metros cuadrados en uno de mis edificios, la llamara Galerie d'Art Maxwell y celebrara una gran inauguración.

La idea me cautivó. Aparte de vender en privado y en Empire Auctions, no había promocionado mi obra. Me sentí muy orgulloso de que Rogozinsky incluyera mis cuadros en la misma categoría que los de los maestros canadienses. Dijo que confiaba en mi obra, y sus palabras me dieron seguridad.

Combinando compasión y competencia, Tina fue asumiendo cada vez más responsabilidades empresariales, lo que me permitió hacer realidad mi sueño, largamente aplazado, de tener libertad para pintar. Nuestro negocio funciona a la perfección y yo puedo dedicar tiempo a mis estudios, haciendo lo que me gusta. El arte y la pintura se convirtieron en mi vida, y sentía que tenía que recuperar el tiempo perdido. Pinté cientos de lienzos, vendí muchos y doné todos los ingresos a diversas organizaciones benéficas.

Algo en mi psique me obliga a pintar. Fueron muchos años perdidos y tenía la necesidad de compensar el estancamiento de mi vida. Tuve que esforzarme más para alcanzar mi objetivo de convertirme en un artista respetado, aunque autodidacta. Disfruto estar rodeado de mis cuadros y me encanta el olor de la pintura. Me siento como si hubiera desafiado las probabilidades y vivido un infierno, a un coste terrible; y sin embargo, aquí estoy, sentado frente a mi caballete. En cierto modo, siento que con mi arte he logrado rescatar lo que Hitler y sus asesinos querían destruir.

Comprender el significado de mi pintura es una tarea difícil. Para ilustrar este concepto, piensa en un sueño. Te despiertas sin saber lo que has visto o sentido, pero recuerdas ciertos símbolos, imágenes y patrones. A lo largo del día, reflexionas sobre estos símbolos para encontrar una explicación concreta. Tienes una idea de lo que podría ser, pero nunca lo sabes con certeza. Esta es la belleza de mi obra.

DESCONOCIDO

Galería de arte Maxwell

Gradualmente, el diseño de mi galería evolucionó, y en 2006, la Galerie d'Art Maxwell empezó a hacerse realidad. Se diseñó un área de exposición de mil metros cuadrados, con techos de casi seis metros de altura.

Había que hacer mucho antes de que la espaciosa galería cobrara vida con hileras de obras de arte. Empecé a trabajar con carpinteros y pintores. Instalamos sistemas de suspensión de rieles y cadenas desde el techo, adecuados al peso de mis cuadros.

Elegimos unos 150 lienzos míos para la exposición inaugural, tantos como cabían en las paredes, pero manteniendo el espacio para que «respiraran». Algunos medían casi tres metros de ancho y cuatro de alto; por ejemplo, *Power and Victory* está salpicada de líneas horizontales negras que me recordaban a los cañones de fusil. En ella, las explosiones de pintura roja reflejan las detonaciones que vi dispararse en la carretera frente a mí mientras huíamos con los soviéticos en 1944. En el óleo *Eclipse nº 6 (*1.20 por 1.80 metros), orbes oscuros giran alrededor de un sol ardiente y los mundos parecen estar rumbo a una colisión. Muchos de los lienzos más pequeños representan jarrones individuales de flores, mostrando que la belleza puede surgir de la destrucción. Las obras están colocadas según el ojo experto de Tina.

Cuando el espacio estuvo terminado, bajamos los cuadros desde mi estudio, en la planta superior, lo que supuso una tarea colosal.

Necesitaba a alguien que administrara la galería, y Tina estaba demasiado ocupada en nuestra oficina; el hijo de Tina, Anthony, ansioso por involucrarse con mi sueño, ayudó a que la velada inaugural fuera un gran éxito. Cada cuadro tuvo que ser numerado, catalogado, nombrado, tasado y fotografiado por un profesional, y era necesario imprimir mil catálogos a color. También hacía falta diseñar las invitaciones. Anthony se volcó en esta intensa empresa, y todo se hizo a la perfección. Tras meses de duro trabajo, la galería estaba lista para su gran inauguración.

Se enviaron las invitaciones y Tina organizó el brindis. Surgieron mis temores. Como era un artista autodidacta, estaba preocupado. ¿Qué me pasaría si mi obra no era bien recibida? No se trataba de exponer un solo cuadro a mis admiradores, sino de una gran muestra pública de mi desarrollo artístico. ¿Y si solo respondían unas pocas personas a las casi trescientas invitaciones enviadas? Rezaba para que la mayoría de esas personas vinieran a la galería a ver mis cuadros.

La gran noche llegó el 27 de septiembre de 2006, y la multitud no dejó de aparecer. Amigos, familiares, políticos, reporteros, fotógrafos, otros artistas y coleccionistas de arte se agrupaban en torno a mi obra y comentaban, gesticulando con sus copas de vino. Además de los interesados en el arte, asistieron varios medios de comunicación, entre ellos Ann Lang, de la CBC de Montreal, que había producido un documental sobre mí, y Heather Solomon, la respetada columnista de arte del *Canadian Jewish News*, que elogió mi obra por ser «electrizante». Apenas podía asimilarlo. Tina se mezcló entre la multitud mientras supervisaba al personal de servicio y ayudaba a la gente a posar para las fotos, ocupándose de todos los aspectos de lo que se había convertido en mi triunfo.

Muchos de los asistentes a la inauguración compraron cuadros. Algunos escogieron tres o cuatro lienzos. Mientras recordaba aquellos amargos años escondido en el bosque, me parecía increíble estar rodeado de gente que disfrutaba y admiraba mi arte. ¡Qué experiencia! Los visitantes me abrazaban, me besaban y me felicitaban por una velada memorable.

Mis hijos estaban increíblemente orgullosos de su padre, el superviviente del Holocausto que ahora era reconocido como un artista de éxito. Doné cuatro de mis cuadros al departamento de diálisis del Hospital General Judío para un programa llamado «Arte para curar», dirigido por el señor Earl Pinchuk.

El espíritu de Helen está siempre presente, y decidí donar en su memoria todas las ganancias de la venta de mis obras al Centro de Cáncer Segal del Hospital General Judío. Tina y yo entregamos el producto de la venta de los cuadros, un cheque de setenta y cinco mil dólares, a Alvin Segal, para que los destinara a la investigación del cáncer. El Hospital General Judío colocó una placa en reconocimiento a los benefactores. Tina y yo pensamos que la galería sería un magnífico lugar para celebrar otras actividades en el futuro para recaudar fondos para la comunidad.

El prefacio del catálogo de la galería ilustra mi historia. Había mantenido mi pasado en secreto y nunca hablé de él salvo con mis allegados. El hecho de que mi nombre hubiera cambiado con frecuencia a lo largo de mi vida había constituido otra barrera entre mi pasado y mi presente. Ahora, mi pasado y mi presente se habían fusionado y sentía que mis identidades evolucionaban. Mientras los invitados me abrazaban y me estrechaban la mano, oí en mi mente una voz joven: *mi nombre es Oziac Fromm*. Luego dije en voz alta: «Maxwell Smart».

CUARTA PARTE

El documental

Creo firmemente en el grito de «Nunca más» que se escuchó al final de la Segunda Guerra Mundial. Como crecí en Polonia y viví lo que viví, sabía cuán rápido y fácil podían cambiar las cosas, y quise implicarme de algún modo para evitar que una tragedia como el Holocausto se repitiera. En un mundo donde el racismo, el odio, la xenofobia y el genocidio están a la vuelta de la esquina, debemos recordar y aprender de los pecados del pasado. Por eso me uní a los Amigos Canadienses de la Universidad de Tel Aviv. Me gustó el trabajo de la universidad en los estudios sobre el Holocausto y pensé que sus informes anuales sobre el antisemitismo en el mundo y el estado de los asuntos judíos eran una contribución positiva para hacer realidad la voz de «Nunca más». Me pareció que sus esfuerzos ayudaban a mantener en el radar y en la mente de las personas todo intento de negación del Holocausto, así como todo incidente antisemita.

En 2018, los Amigos Canadienses de la Universidad de Tel Aviv de Montreal me eligieron como homenajeado. Además de haber formado parte de su organización durante muchos años, se me reconocía por los logros de mi vida como superviviente del Holocausto. La edición anterior de este libro, titulada *Chaos to Canvas* (Del caos al lienzo), estaba a punto de ser publicada por la Fundación Azrieli, y mis obras figuraban en colecciones públicas y privadas de todo Canadá. A la gala asistieron más de

600 personas, entre amigos, familiares y numerosos dignatarios. En uno de nuestros muchos viajes a Israel, Tina y yo habíamos conocido a la renombrada artista Dina Porat, quien fue profesora de historia judía moderna en la Universidad de Tel Aviv, directora del Centro Kantor e historiadora jefe de Yad Vashem. Dina viajó desde Israel para ser la oradora principal del acto. Entre otros distinguidos invitados, se encontraban el difunto Padre John Walsh, el Cónsul General de Israel David Levy, el Honorable Irwin Cotler y el antiguo presidente de la Universidad de Tel Aviv, el profesor Joseph Klafner. Fue uno de los momentos de mayor orgullo de mi vida. Este superviviente del Holocausto, este niño de los bosques, se sentía honrado con la presencia de invitados tan distinguidos. Qué diferencia con mi pasado.

Pero ni siquiera una velada tan alegre y maravillosa pudo borrar mi historia y la culpa que seguía arrastrando. Mi pasado siempre estaba ahí, siempre aparecía, nunca me abandonaba. Seis millones de judíos fueron asesinados en el Holocausto. Fue un desastre, pero esos seis millones no murieron por mi culpa. La muerte de mi buen amigo Janek, sin embargo, sí lo fue. Lo obligué a meterse en el agua helada para salvar a la criatura, y por eso enfermó y murió. No era mi intención que muriera, solo quería ayudar a una bebé a sobrevivir. ¿Por qué seguía sintiéndome culpable?

Entonces, de la nada, apareció Rebecca Snow, una joven con un encantador acento británico. Rebecca, de Saloon Media, había recibido la encomienda de History Channel de hacer un documental sobre los niños supervivientes del Holocausto. Se enteró de mi historia a través de la Fundación Azrieli. Yo estaba en Florida cuando me pidió una entrevista. Después de pensarlo un poco, invité a Rebecca a venir a verme para hablar del proyecto. Al principio, la petición me tomó por sorpresa y no estaba seguro de querer participar en la película. Cuando escribía mi libro, me sentía nervioso y deprimido durante semanas. Los recuerdos de todo lo que había pasado salieron a la superficie. Todo el tiempo me sentía irritable y enfadado, y a menudo tenía terrores nocturnos y problemas para dormir. Sin embargo, cuanto más lo pensaba, más me daba cuenta de que sería bueno grabar mi historia en vídeo de manera profesional para mostrar al mundo entero las atrocidades que se habían cometido durante la Segunda Guerra Mundial. Con la mirada de todo el mundo clavada en una u otra pantalla, hacer que la historia fuera accesible por televisión, teléfono o tableta, tenía mucho sentido. Me di cuenta de que los jóvenes no tendrían tiempo de leer mi libro, pero sí de ver un vídeo de una hora en su teléfono. Aun así, no creía que un proyecto de esa naturaleza fuera a despegar, y mucho menos que se produjera y emitiera en las principales cadenas de televisión.

Creo que fue el entusiasmo de Rebecca y su seriedad con respecto a la película lo que en última instancia me convenció para seguir adelante con el proyecto. Acepté participar y al día siguiente Rebecca envió un coche con chófer para recogernos a Tina y a mí y llevarnos a un estudio en el centro de Miami. El estudio estaba ambientado como en los años 40 y estaba equipado para la entrevista con más de seis cámaras. Ya me habían entrevistado muchas veces, pero este fue, con diferencia, el montaje más impresionante y profesional. La charla duró entre cuatro y cinco horas. Rebecca quería saberlo todo sobre mi vida en el bosque: dónde me escondía, dónde encontraba comida e incluso cómo me calentaba.

En la entrevista, Rebecca me hizo muchas preguntas sobre Janek y la bebé. Se dio cuenta de que me sentía muy culpable respecto a la muerte de mi amigo por haber salvado a la pequeña. Rebecca dijo que quería ver si podía sacarme suficiente información para tratar de rastrear cualquier registro de Janek o averiguar qué le había pasado a la niña. Si había sobrevivido, ¿aliviaría eso de algún modo mi sentimiento de culpa?

¿Serviría de algo saber lo que le había pasado? No había nada que hacer: Janek estaba muerto. Era probable que la bebé también llevara mucho tiempo muerta. Tenía muy poca información; no sabía el nombre completo de Janek, ni siquiera el nombre de pila de la chiquilla. A lo largo de los años, había dedicado mucho tiempo y esfuerzo a buscar registros de mi propia familia. Estaba desesperado por encontrar a algún pariente vivo, por recuperar de algún modo una foto de mi madre y mi padre que pudiera mirar. Conocía sus nombres, pero seguía sin encontrar nada. Quizá Rebecca y su equipo de investigadores tuvieran más éxito.

Al final de la entrevista, Rebecca me mostró una fotografía tomada antes de la guerra, en blanco y negro, de un niño. Quiso saber si lo reconocía. No estaba seguro... pero había algo en sus ojos. Me preguntó: «¿Podría ser Janek?». Su equipo de investigación había encontrado una entrada en la Base de Datos de Nombres de la Shoah, un proyecto fenomenal dirigido por Yad Vashem cuyo objetivo era dar nombre a cada uno de los seis millones de judíos asesinados durante el Holocausto. La entrada en la base de datos correspondía a un niño de diez años llamado Janek Arenburg, del que se había informado que había sido asesinado por los nazis en una zona cercana a Búchach en 1943. Me quedé mirando la foto de aquel niño sano, bien vestido y feliz. «Podría ser él», me dije. Reconocí sus ojos. No tenía ese aspecto cuando yo lo conocí, pues la foto había sido tomada antes de la guerra, pero sí, podría ser él. Pedí quedarme con la foto y no pude dejar de mirarla. Esos ojos me perseguirían hasta la siguiente experiencia de rodaje con el equipo.

La primera entrevista tuvo lugar en febrero de 2019. Un par de meses después, recibí una llamada de Rebecca diciéndome que le gustaría seguir filmando el documental. También me dijo que su equipo estaba investigando mucho y que la siguiente entrevista tendría lugar en Israel. Sabía que el proyecto tenía un presupuesto ajustado, y volar con Tina a Israel suponía un gran gasto, así que le pregunté por qué no podían grabar la entrevista en Montreal. Entonces Rebecca me dijo que tenía buenas noticias: el rodaje tenía que ser en Israel porque, tras dos meses de ardua investigación, habían localizado a una tía y un tío de Janek que vivían allí. No podía creer lo que estaba oyendo. Mi corazón empezó a latir deprisa y sentí que iba a explotar. Rebecca siguió hablando y me dijo que había descubierto aún más información. Su equipo de investigación se había puesto en contacto con Yahad-In-Unum, una organización que busca fosas comunes y lugares de ejecución en Europa. Creían haber encontrado el lugar en la colina de Fedor, en Búchach, donde mis padres y mi hermana fueron enterrados en una fosa común, junto con otras tres mil personas. Utilizando un detector de metales, habían encontrado objetos pertenecientes a las víctimas que yacían en el bosque: un espejo de bolsillo, un botón, una mancuernilla. Y las evidencias de los asesinos estaban por todas partes: el suelo estaba lleno de cartuchos de la Segunda Guerra Mundial. Me quedé estupefacto y no podía hablar.

Sabía que nunca volvería a Búchach. Pero ¿y la oferta de Rebecca sobre volar a Israel? Nunca había soñado que tendría la oportunidad de conocer a la familia de Janek y contarles en persona lo que había hecho para salvar a una bebé. Tina, que es una persona muy espiritual, consideró todo este giro de los acontecimientos como un mensaje de Dios. Después de unos días para recuperarme de la revelación de Rebecca, volví a llamarle y le dije que iría a Israel a conocer a la familia de Janek.

Janek

Después de un largo y agotador viaje, llegamos a Tel Aviv, en un típico día cálido y soleado de mayo, y nos registramos en el hotel Hilton, frente al océano. La diferencia horaria de siete horas agudizó mi nerviosismo y mi cansancio. Empecé a preguntarme si había tomado la decisión correcta. Tenía miedo de lo que estaba por venir. ¿Qué pasaría cuando conociera a la familia de Janek? ¿Qué les diría? ¿Qué dirían ellos? ¿Estaría bien? ¿Podría soportar tanta emoción? Estaba asustado y muy nervioso por el encuentro. Por sugerencia de Tina, nos cogimos un día más para descansar y visitar las tumbas de mis tíos en el cementerio de Even Yehuda. Esto también me dio un día extra para calmarme.

Cuando estoy en Israel, para mí es importante visitar el cementerio de Yehuda. Es un sitio al que puedo ir para estar con mi familia ampliada. Mi familia inmediata está enterrada en fosas comunes en bosques sin señalización, en una zona olvidada y labrada. Si me hubiera sentido capaz de volver, habría rezado una oración por mi madre, mi padre y mi hermana en la colina Fedor. Hay muchas tumbas olvidadas en Búchach. De los ocho mil judíos que vivían allí, hoy no queda ni uno vivo. Se cometió una enorme injusticia.

Cuando Tina y yo volvimos del cementerio de Even Yehuda después de visitar a mis tíos, le dije que hiciera los arreglos necesarios para ver a Rebecca y continuar con la entrevista para la película. Rebecca había preparado una zona de entrevistas de aspecto muy profesional en una de las grandes salas de conferencias en el hotel. Mientras su equipo se afanaba en instalar las cámaras y la iluminación, Rebecca me informó que habían elegido un nombre para el documental: *Cheating Hitler*, Engañando a Hitler (el título en español del documental fue *Supervivientes del Holocausto*). El nombre era una referencia a mí y a los otros dos supervivientes que apareceríamos en el proyecto, todos nosotros niños pequeños en aquella época, que fuimos capaces de frustrar el plan de Hitler de exterminar hasta al último judío de Europa.

Antes de empezar la entrevista, entró la investigadora principal del documental, Natasza Nedielska, y Rebecca nos presentó. La extensa investigación de Natasza iba a proporcionar la información de fondo necesaria para producir el documental. Natasza nos explicó que había viajado a Búchach, que ahora forma parte de Ucrania, para averiguar más cosas sobre mis primeros años de vida. Sin embargo, no había información disponible, ya que muchos registros habían sido destruidos durante la guerra. Natasza no se rindió fácilmente. Viajó a Varsovia y consultó los archivos, ya que Búchach formaba parte de Polonia antes de la guerra. Allí, en los archivos de Varsovia, encontró el certificado de matrimonio de mis padres. Natasza me entregó un documento visiblemente antiguo, un certificado de matrimonio escrito a mano que tenía casi 100 años. Me quedé muy sorprendido, pues no esperaba saber nada nuevo sobre mi familia. Un escalofrío recorrió mi cuerpo y durante un segundo no tuve ni idea de lo que me estaba mostrando o diciendo. Estaba estupefacto. Tardé un rato en asimilar lo que oía y en poder serenarme. Era la primera prueba concreta que veía en más de 75 años sobre la existencia de mi madre y mi padre. Tomé el trozo de papel. Quería tenerlo en mis manos. Quería sentirlo. Ese certificado, firmado por mi madre y mi padre, era lo más cerca que había estado de mis padres desde que fueron brutalmente asesinados tantos años atrás. Incluía la fecha y el lugar donde nacieron, la fecha de su matrimonio y los nombres de mis abuelos de ambos lados de mi familia. Fue un momento emocionante para mí. Hoy, ese certificado es una de mis posesiones más preciadas. Cuando volví a Montreal, lo enmarqué, y está colgado en el despacho de mi casa, donde lo veo a diario y siento la presencia de mis padres conmigo en todo momento.

Toda esta información nueva y abrumadora, junto con el hecho de saber que al día siguiente vería a la familia de Janek, fue muy estresante para mí. Quería un día para descansar, pero Rebecca estaba preparada para visitar a la familia de Janek, así que teníamos que irnos. A mediodía, nos recogieron a Tina y a mí junto con un camarógrafo que filmaría el encuentro.

El hogar donde vivía la familia de Janek estaba enclavado en un jardín con hermosas flores. Cuando bajé del coche y empecé a caminar hacia la casa, me vinieron a la mente todos los recuerdos de Janek y de mí solos en el búnker. Su tía había sobrevivido al Holocausto con documentos de identidad arios falsos. Nos recibió en la puerta y me presentó a su hija, Miri, y a su marido, Shimon Shirfris, el hermano menor de la madre de Janek. Había salido de Europa hacia Israel antes de la guerra y había recibido cartas de su hermana desde Polonia hasta la ocupación alemana en 1942.

Había una mesa con refrigerios para Tina y para mí. Nos trataron como reyes. Los tíos de Janek nos enseñaron su agradable hogar, lleno de estanterías con libros y un piano en una esquina. Después de tomar unos refrescos, la tía de Janek vino y se sentó frente a mí. Me tomó la mano y me dijo: «Me alegro mucho de que hayas venido a hablarnos de Janek. Sabes más de él que nosotros. Cuéntanos cómo se conocieron. ¿Cómo llegó a ti? Cuéntanoslo». Ella solo lo recordaba como un niño pequeño, de unos cinco años. Me enseñó una foto suya y, mientras volvía a mirar esos ojos inquietantes, empecé a hablar.

«Janek me encontró», le expliqué. Le conté lo que le había pasado a mi familia y cómo había terminado en el bosque. Le conté cómo había encontrado un búnker y los peligros que había por todas partes. Le conté sobre la soledad que me había perseguido todos los días hasta el día en que me asomé y vi a un niño caminando solo por el bosque. Le dije que parecía mejor vestido que yo. Llevaba zapatos en los pies y yo solo tenía trapos atados con cuerda. Le expliqué cómo Janek había empezado a llorar cuando me dijo que creía que su madre y su padre habían muerto.

La familia escuchó cada palabra que pronuncié y no me interrumpió. Seguí mirando la foto que me había enseñado la tía de Janek. El Janek que yo recordaba era un poco mayor y más delgado que el niño de la foto, pero me di cuenta de que eran la misma persona. Le expliqué cómo habíamos sobrevivido en el bosque, buscando setas y bayas en verano, aprendiendo a distinguir qué hongos eran venenosos y cuáles se podían comer sin peligro. La vida con Janek era relativamente buena. Sufríamos por separado, pero en silencio, y no nos quejábamos. Nos contábamos historias sobre lo que haríamos el día que volviéramos a nuestras casas y con nuestras familias. No dejábamos que la horrible realidad influyera en nuestros sueños para el futuro, necesitábamos mantener viva la esperanza para sobrevivir. Mientras hablaba, la tía de Janek lloraba, y yo también.

Por fin, llegué a aquel fatídico día. Le expliqué cómo una mañana temprano, Janek y yo oímos disparos no muy lejos de nuestro refugio. Le conté que era invierno y había nevado toda la noche, por lo que tuvimos cuidado de no dejar huellas en la nieve. Le dije que habíamos esperado unas horas después de que todo estuviera tranquilo y supusimos que los asesinos probablemente se habían ido.

La tía de Janek me contó que, cuando no supieron nada de los padres de Janek después de la guerra, asumieron que la familia había muerto en fusilamientos masivos, como tantos judíos del este de Polonia, o que había sido enviada a campos de concentración y exterminada. No sabían que Janek había sobrevivido tanto tiempo en el bosque. Me preguntó cómo había muerto. Entonces le conté la historia de la bebé. No pude evitar derrumbarme al contarle la culpa que aún sentía por haber tirado a Janek al agua fría para ayudarme a salvar a la criatura. Me sentía responsable de su posterior enfermedad y de su muerte. Cuando terminé de contarle sobre la muerte de Janek, me tomó el rostro entre las manos y me dijo que no pensara así. Me dijo que no era culpa mía. La tía de

Janek decía que yo le había dado comida y amistad, y que lo había ayudado cuando estaba perdido y solo. En realidad, yo sabía que él había hecho lo mismo por mí.

Durante años, me sentí culpable por la muerte de Janek, pero ahora su tía me decía, con lágrimas en los ojos, que no había nada que perdonar. Me dijo que no había tenido más remedio que meterme en el agua helada para salvar a la bebé. Empecé a llorar de nuevo, estaba tan feliz de estar con la familia de Janek y de poder ayudarles a completar las piezas que les faltaban de su corta vida. Los dos llorábamos, pero esta vez de alegría. Su perdón y comprensión significaron para mí más de lo que se puede expresar con palabras. Fue un momento que nunca olvidaré.

TOVA

Encontrar a la familia de Janek no era la única parte de mi pasado que se investigaba para el documental. Rebecca me contó que Natasza también llevaba meses intentando localizar a la niñita que Janek y yo habíamos rescatado. Había hablado con Natasza por teléfono desde Montreal y le había dado todos los detalles posibles sobre la zona en la que me había refugiado y todo lo que recordaba sobre el grupo de personas que se habían escondido con la bebé y que habían sido masacradas. Natasza había pasado meses estudiando minuciosamente los testimonios de los supervivientes y los mapas históricos, e investigando los registros de la posguerra sobre los huérfanos judíos que encajaban con el perfil de la criatura. Me dijo que la lista era larga.

Unos días antes de viajar a Israel, se encontró con otro testimonio que encajaba casi a la perfección con mi historia. Esta superviviente, llamada Tova Barkai, vivía en Haifa. Natasza creía que Tova era la niña que Janek y yo habíamos salvado. Me sentí por completo abrumado. Toda mi vida me había culpado a mí y a la pequeña por la muerte de Janek. Pero si la bebé estaba viva, significaba que Janek no había muerto en vano. Eso lo convertía en un héroe. Había dado su vida por la de ella; le había dado el regalo de una larga vida. Estaba muy feliz y emocionado. A causa de esa pequeña niña casi me matan. Mientras buscaba a alguien que me ayudara, o a alguien que pudiera llevársela, me había atrapado la policía ucraniana, que me arrastró con las manos atadas a un trineo durante kilómetros. En verdad, Janek y yo le salvamos la vida. Gracias a los esfuerzos y a la diligencia de Natasza, ahora sabía que Janek no había muerto por mis acciones. Janek había muerto porque había salvado a la pequeña niña.

Al día siguiente de conocer a la familia de Janek, partimos hacia Haifa. Mientras conducíamos, me repetía una y otra vez que iba a ver a Tova, la niña. No sé si en mi mente comprendía de verdad quién era ella. Había pasado la mayor parte de mi vida pensando en la bebé que Janek y yo habíamos salvado de una muerte segura, sin pensar en que había crecido y vivía su vida. Toda mi existencia me había culpado por la muerte de Janek a causa de esta pequeña que habíamos salvado. Me resultaba inimaginable que estuviera viva y, sin embargo, ¡ahí estaba yo conduciendo un automóvil para encontrarme con ella! La criatura estaba viva y tenía una familia, hijos y nietos. Janek no había muerto en vano. Era un héroe. Los dos éramos héroes. Sin Janek y sin mí, ella habría muerto. Le habíamos dado la vida. Hoy estaba aquí gracias a Janek y a mí.

Llegamos a la residencia de ancianos donde vivía Tova. El equipo de camarógrafos de Rebecca nos esperaba en el vestíbulo, junto con el hijo de Tova, Ofer, su mujer y sus dos hijas. La familia de Tova me dio una calurosa bienvenida. Nos sirvieron bebidas que habían preparado y Ofer sacó un álbum de fotos familiares para compartirlas con nosotros mientras nos sentábamos y nos conocíamos. Ofer me explicó que su madre llevaba un tiempo enferma y que había traído las fotos para que viera cómo era de joven y cuando estaba sana. Las fotos mostraban a una hermosa mujer de unos treinta años que parecía feliz. Al pasar las páginas del álbum, al ver fotografías de la vida de Tova, no pude evitar sentirme satisfecho e inmensamente orgulloso de esta niñita que Janek y yo habíamos salvado. Le habíamos dado la vida, le habíamos dado esta hermosa familia. En un abrir y cerrar de ojos, vi a Janek y a la pequeña y contemplé una vida salvada.

Mientras hablábamos, Ofer me contó que su madre no sabía nada de Janek ni de mí. La tía de Tova, la mujer a la que yo le había entregado a Tova en 1943, la había criado después de la guerra y le había contado que la había rescatado de los brazos de su madre muerta en la orilla del río la mañana siguiente a la masacre. La tía nos había excluido a Janek y a mí de la historia. Quizá se sentía culpable porque había prometido volver y llevarnos a su búnker, pero nunca lo hizo. Eran tiempos muy difíciles y ella no podía ayudarnos. Comprendí que la tía lo había pasado mal con la criatura. Esconderse con un bebé era en extremo difícil y muy peligroso. Probablemente no había espacio adicional para Janek y para mí en el búnker, así que no la culpo por no volver por nosotros. Me alegré de que hubieran sobrevivido y de que Tova estuviera viva. Aunque Tova no fuera consciente de ello, yo sabía que Janek y yo la habíamos salvado de una muerte segura. Ofer me explicó que su madre tenía Alzheimer y, por tanto, no podía hablar ni moverse, y llevaba un año en la misma situación. Escuché a Tova antes de verla cuando Ofer la llevó en silla de ruedas a la sala donde estábamos reunidos. Estaba agachada en su silla, como si nada existiera en el mundo. Me acerqué a ella y le dije: «Soy yo, Tova. Sé que no me recuerdas porque eras una bebé. Me metí al agua helada con Janek y te salvé. Fui yo. Yo estoy aquí. Sobreviví. Janek, mi amigo, no. Enfermó. Perdí a mi amigo, el único amigo que tenía. Tenía tanto miedo de estar solo, Tova. Yo también quería morir. Quería estar con él». Estaba tan metido en mis recuerdos que no sabía si estaba pensando estas palabras en mi cabeza o pronunciándolas en voz alta. Sentía a Janek a mi lado mientras hablaba con Tova.

«Sobreviví», repetí. «Soy yo, Tova. Janek no sobrevivió. Janek murió». Piensa bien. Piensa. Piensa más. Sabía que estaba repitiendo lo dicho. Empecé a hablar en yiddish, el idioma de mi infancia. Le pedí varias veces que me mirara. El camarógrafo estaba agachado en el suelo, filmando y grabando lo que yo decía. De repente, Tova levantó la cabeza. Tenía los ojos muy abiertos y vidriosos, como si estuviera llorando. Extendió la mano para alcanzar la mía. Me la apretó y acarició mientras comenzaba a hablar. No entendía nada de lo que decía, pero parecía que repetía lo mismo que yo. Se esforzaba mucho por decirme algo.

No me soltó la mano. Las lágrimas empezaron a rodar por mis mejillas mientras yo seguía hablando.

«Janek y yo nos metimos en el agua fría, no sabíamos que estabas en brazos de tu madre. Desde el otro lado del río, vi que algo se movía, creí que tu madre estaba viva. Le dije a Janek que teníamos que ayudarla. En nuestro lado del río, las siete personas del búnker estaban muertas, incluido tu padre. Estaban tendidos en la nieve empapada de sangre. Tomé a Janek de la mano y tuvimos que cruzar el río para salvar a tu madre. Él no quería entrar. Hacía frío. Tenía miedo de meterse en el agua helada, pero no le hice caso y lo jalé de todos modos. Nuestros cuerpos se entumecieron. Llegué hasta tu madre, Tova, y estaba muerta. Tú estabas viva. Eras tú quien se había movido. Era a ti a quien veía desde el otro lado del río. Te aparté de los brazos de tu madre muerta. Tova, lo siento mucho. Dejé a tu madre medio sumergida en el agua helada y medio tumbada en la orilla del río, cubierta de nieve. Lo siento mucho, Tova. No sabía qué hacer. No podía moverla. No podía llevarla al otro lado. No podía quedarme mucho tiempo en el agua. Te tenía en mis brazos. Tuve que volver a toda prisa al otro lado. Siento mucho haber tenido que dejarla allí. No pude hacer nada por ella. Volví al otro lado solo contigo y con Janek. Solo te salvé a ti. Te llevé al búnker que tu padre había construido. Llorabas muy fuerte».

Tova siguió esforzándose por emitir sonidos hasta que empezaron a salirle palabras y, por fin, me dijo: «Todo irá bien. No pasa nada». Su hijo me interrumpió, abrumado porque ella llevaba más de un año sin hablar. El equipo estaba filmando y grabando ese milagro. Tova tenía razón: todo iba bien y estaba bien.

Tras un día increíblemente gratificante, nos despedimos emocionados de Tova y de su familia. Fue otra experiencia que no se puede describir con palabras.

Reflexiones

El impacto emocional de conocer a las familias de Janek y Tova fue muy fuerte y tuvo un profundo efecto en mí. No podía descansar. Las conversaciones de aquel día estaban siempre en mi mente, y durante muchos meses no hablamos de otra cosa en casa que de aquellos encuentros.

Seguí en contacto con la familia de Tova. Significaba mucho para mí que ella hubiera sobrevivido, formado una familia y creado alegría y felicidad en su vida. Había sobrevivido al Holocausto y a la guerra sin tener ni idea de los horrores que se desarrollaban a su alrededor en aquel momento. Fue a la escuela, se casó y tuvo hijos y nietos. Me sentí feliz cuando miré las fotos que Ofer me había enseñado de su madre en sus mejores años, más joven.

Pero para mí, personalmente, fue diferente. Al reflexionar sobre mi vida, me di cuenta de que, aunque intentaba seguir adelante, revivía una y otra vez el pasado y el papel que había desempeñado Janek. Mis recuerdos tenían poco que ver con Tova. Sí, la rescatamos de una muerte segura, habría muerto congelada por la mañana; y me alegro de haberlo hecho, sin duda. Pero hubo un precio.

¿Quién es Janek para mí? Janek es un héroe. Una vida fue tomada a cambio de una vida que fue dada. Me alegro de que esta carga, esta culpa que he llevado toda mi vida, ya no exista. En realidad, creo que lo que ocurrió en el bosque fue un milagro. Janek y yo necesitábamos encontrarnos en aquel lugar y en aquel momento, ponernos en grave peligro para rescatar a Tova de una muerte inevitable. No tengo ni idea de por qué estaba tan decidido a meterme al agua helada; debía de ser algún tipo de instinto que nos obligaba a Janek y a mí a hacer lo correcto. ¡Fue un milagro!

Epílogo

Nacido en 1930 en Búchach (Polonia), Oziac Fromm se convirtió en Maxwell Smart unos años después de llegar a Canadá en 1948, como refugiado, a sus dieciocho años. «Sentí que Oziac Fromm había muerto con su familia», explica Maxwell. En la Viena de la posguerra, sus amigos ya lo llamaban «Munio», nombre que se tradujo fácilmente como Max. «Smart» fue el apodo que le puso un conocido de Montreal que admiraba su perspicacia para los negocios. De hecho, la historia de Maxwell Smart no es solo una historia de supervivencia milagrosa, valor e ingenio, sino también un relato de lucidez, de regreso a la comunidad y de creatividad duradera.

Búchach es hoy una ciudad de 12 500 habitantes en la *oblast* (provincia) de Ternópil, al suroeste de Ucrania. Como muchas ciudades de Europa del Este, en las que las fronteras se reajustaron durante las guerras y tras las victorias, su estatus nacional ha variado: en diversas épocas formó parte de Polonia, de Austria-Hungría o de la Unión Soviética.[7] Hasta la Segunda Guerra Mundial, la población mixta de la ciudad reflejaba este historial político. Los judíos de Búchach, el 60 % de los habitantes de la ciudad antes de

[7] Para una historia completa y detallada de la ciudad, véase Omer Bartov, *Anatomy of a Genocide: The Life and Death of a Town Called Buczacz* (Nueva York: Simon & Schuster, 2018).

la guerra, tenían una larga y exitosa historia. Entre sus hijos distinguidos figuran Emanuel Ringelblum (1900-1944), historiador y compilador de *Oneg Shabbat*, la crónica oculta del gueto de Varsovia; Simon Wiesenthal (1908-2005), cazador de nazis y fundador del Instituto Wiesenthal de Viena de Estudios sobre el Holocausto; y el escritor israelí y Premio Nobel de Literatura en 1966, Shmuel Yosef Agnon (1888-1970), cuyos relatos «Búczacz: The Epic Life of One Town, The Tale of the Menorah» y «Pisces» describen la ciudad como un modelo próspero de comunidad polaca y judía.[8] Estos hombres son héroes modernos: uno que se marchó a Jerusalén, e hizo la *aliyah*,[9*] y dos que se enfrentaron al terror nazi y conservaron registros de aquella época catastrófica. En *Buczacz*, la historia de Agnon sobre los orígenes de la ciudad, un grupo de judíos que se dirigen a Jerusalén recibe permiso para pasar el invierno en la ciudad, donde acampan en sus cabañas temporales llamadas *sukkah*. Cuando el conde Potocki, terrateniente local, los invita a administrar sus propiedades, posponen su partida y deciden permanecer en Búchach, donde prosperan hasta las expulsiones y los asesinatos nazis. Agnon describe su éxito:

> Poco a poco, todo el lugar se fue poblando de judíos. Construyeron un baño ritual y todo lo que necesitaba la comunidad… Incluso los nobles y sus criados acudían al lugar en busca de consejo o para hacer negocios, pues sabían que allí encontrarían judíos. El lugar adquirió reputación; la gente empezó a venir de todas partes, sabiendo que allí encontrarían judíos.[10]

En Búchach, con su castillo medieval y con el río Strypa, que atraviesa el pueblo, la familia Fromm llevaba una cómoda existencia

---

[8] Véase S.Y. Agnon, «Buczacz», en *A Book that Was Lost and Other Stories*, ed. Alan Mintz y Anne Golomb Hoffman (Nueva York: Schocken Books, 1995), pp. 220-226. El título «The Epic Life of One Town» también se ha traducido como «The City Whole».

[9*] La palabra hebrea *aliyah* (aliá) hace referencia a la inmigración a Israel. (N. de la T.)

[10] Agnon, «Buczacz», p. 225.

burguesa. El padre de Oziac, Lieb Fromm, era propietario de una tienda de ropa para caballero; Faigie, la madre, pertenecía a una importante familia prominente, y sus primos eran sus compañeros de juego. El hogar era agradable y acogedor, y la sinagoga era un lugar de celebración y comunidad. Al joven Oziac le iba bien en la escuela; una profesora destacó y elogió su dibujo de un libro, que, durante muchos años, fue la única imagen que hizo. Oziac disfrutaba de los placeres y de las certezas de la vida en un pueblo pequeño.

Incluso después de que la ciudad quedara bajo control soviético en 1939, la vida de Oziac continuó con relativamente pocos trastornos. Pero todo cambió en 1941, cuando las fuerzas alemanas derrotaron a los soviéticos y ocuparon toda Polonia. Búchach fue ocupada además por fuerzas ucranianas que simpatizaban con los nazis y eran profundamente hostiles hacia los judíos. En su detallada historia de Búchach, el historiador Omer Bartov describe los incesantes saqueos y asesinatos antisemitas de aquellos años. El balance es contradictorio: algunos residentes no judíos acogieron a judíos, pero a medida que se sucedían las atrocidades, quedó claro que, en general, los residentes ucranianos eran aliados y cómplices de los nazis. Para los judíos de Búchach, escribe Bartov, «los casos reales de bondad parecían milagrosos precisamente por su rareza».[11] La cambiante historia nacional de la ciudad produjo, según Bartov, «una complejidad de rescate y traición», con polacos que odiaban a los ucranianos y ucranianos que odiaban a los rusos y se aliaban con los alemanes, compartiendo el odio hacia los judíos.[12]

En *Chaos to Canvas*, Maxwell relata su experiencia de escapar con dificultad de la deportación y vivir al borde de la muerte durante dos años. Le ayuda una joven pareja de granjeros polacos pobres, Jasko y Kasia Rudnicki, pero, como muchos de los

[11] Bartov, *Anatomy of a Genocide*, p. 257.
[12] *Ibid.*, p. 254.

rescatadores polacos, son vigilados por sus vecinos, por lo que envían al chico al bosque cercano durante largas temporadas. Allí, aunque solo y temeroso, también encuentra una sensación de lugar cósmico, incluso de orden, ya que el cielo nocturno se convierte en un espacio de refugio y certidumbre. Maxwell escribe:

> Imaginaba que viajaba en el espacio y el tiempo, soñaba y me desprendía de la realidad... Era casi relajante contemplar el cielo, las copas de los árboles y los pájaros... Soñaba que *debía* de ser maravilloso ser un pájaro, volar en libertad...

Décadas más tarde, este cosmos que habitaba de niño sería el tema principal de su arte.

Sin saber que había otros judíos escondidos en el bosque, el contacto humano de Oziac era esporádico y se limitaba a visitas secretas a la granja de Jasko y breves interludios con otros judíos errantes. Es difícil no leer esto en términos bíblicos: una expulsión del Jardín del Edén, una lucha por sobrevivir en el desierto, la búsqueda de compañía y el despertar de nuevas habilidades y capacidades. Capítulo a capítulo, llegamos a conocer al narrador de la historia, sus pensamientos, sus miedos, su soledad, su voluntad de sobrevivir; aunque en cierto momento de la historia, está tan solo que el lector ha olvidado su nombre de nacimiento. En su aislamiento, el muchacho duda y se burla de su identidad judía, lamentando airadamente su destino ante Dios.

> «¿Por qué era judío?», pregunta. «Si no fuera judío, no tendría que vivir con miedo constante... ¿Por qué mi Dios no cuidaba de mí?».

Después de la guerra, la búsqueda de renovación y de un nuevo hogar presenta una disyuntiva de posibilidades: ¿Palestina o Canadá? Oziac, ahora llamado Munio Schmerer, rechaza finalmente las incertidumbres de Palestina, que sigue bajo el Mandato Británico y niega la entrada a los judíos. Las aventuras de Munio en la posguerra incluyen tres años de mudanzas e ingeniosos planes financieros en Europa,[13] su inmigración a Canadá y una nueva vida en Montreal. En 1948, con el apoyo de la Asociación para Ayuda de Inmigrantes Judíos (JIAS, por las siglas en inglés de *Jewish Immigrant Aid Society*), llega a Canadá en el General Sturgis, es recibido en el muelle 21 por miembros de la comunidad judía de Halifax y se instala en Montreal. Tiene dieciocho años.

La parte canadiense de la saga tiene sus propias dificultades y sorpresas. La política de inmigración canadiense de posguerra fue compleja y, en retrospectiva, claramente ambivalente. Una directiva gubernamental de febrero de 1946 declaraba que el reasentamiento de refugiados «se basaría en el estatus nacional». Pero, como señala el historiador Franklin Bialystok, «dado que los judíos no eran una "nación", carecían de estatus».[14] Los refugiados judíos fueron admitidos en Canadá gracias a los esfuerzos del Congreso Judío Canadiense, el organismo dirigido entonces por el abogado de Montreal, Saul Hayes, y la JIAS.[15] El proceso no fue sencillo. Un «proyecto de trabajadores» permitía la entrada en el país con sus familias a unos tres mil judíos especializados en carpintería u oficios de aguja. Tras muchas presiones, el gobierno federal aceptó a regañadientes admitir a mil refugiados judíos huérfanos.[16]

El relato de Maxwell (entonces todavía Munio) sobre sus primeros meses en Montreal y la ambivalente acogida que recibieron

---

[13] En *After* (Nueva York: Picador, 1997), de Melvin Jules Bukiet, se puede encontrar una apasionante novela sobre la supervivencia y las oportunidades tras el Holocausto.

[14] Franklin Bialystok, *Delayed Impact: The Holocaust and the Canadian Jewish Community* (Montreal & Kingston: McGill-Queens University Press, 2000), pp. 43-46. El estudio de Bialystok es un relato detallado de la resistencia y las dificultades a las que se enfrentaron los refugiados.

[15] Para más información sobre el importante papel de Hayes en la defensa de los judíos canadienses, véase *Delayed Impact*, pp. 70-72.

[16] Para más información sobre esta historia, véase Ben Lappin, *The Redeemed Children: The Story of the Rescue of War Orphans by the Jewish Community of Canada* (Toronto: University of Toronto Press, 1963); Irving Abella y Harold Troper, «One Wailing Cry», chap. 7, en *None is Too Many: Canada and the Jews of Europe, 1933-1948* (Toronto: Lester Publishing Limited, 1983, 1991), pp. 190-237; Bialystok, *Delayed Impact*, p. 48; y Adara Goldberg, *Holocaust Survivors in Canada: Exclusion, Inclusion, Transformation, 1947-1955* (Winnipeg: University of Manitoba Press, 2015), especialmente el capítulo 2, «Ordinary Survivors», pp. 43-74. Para un relato reciente de estas dificultades, véase Michael Fraiman, «A Fresh Start: The Story of Canada's Postwar Jewish Orphans», *Canadian Jewish News*, 28 de marzo de 2018.

los jóvenes refugiados, es una historia desalentadora.[17] Algunos miembros de la comunidad judía —la mayoría de los cuales habían llegado a Canadá en las décadas anteriores a la guerra buscando refugio y una vida mejor— desdeñaban a los recién llegados, y los consideraban una amenaza para su propio sustento y sensación de bienestar. Muchos creían que su condición de ciudadanos canadienses y súbditos británicos seguía siendo algo frágil, por lo que un aumento significativo en su número o cualquier tipo de atención gubernamental era a menudo indeseado. Esto ocurría especialmente en Quebec, donde las autoridades provinciales y civiles —dominadas durante mucho tiempo por los sentimientos antisemitas de la Iglesia católica— no siempre eran comprensivas. Para algunos canadienses judíos, los refugiados de posguerra, muchos bien educados y cualificados, parecían una afluencia de pesados «primos pobres».

La experiencia de Maxwell no fue inusual para los inmigrantes de posguerra; también afectó a los judíos nacidos en Canadá como yo, una joven que crecía en el barrio de posguerra de Montreal, Snowdon. La zona albergaba principalmente a familias jóvenes, en su mayoría anglófonas, y muchas de ellas judías. Llena de la energía de la renovación y las oportunidades de la posguerra, la zona (posiblemente comparable con los Levittowns de Estados Unidos) aportaba un aspecto exterior orgullosamente moderno y aculturado a una joven generación adulta de judíos nacidos en Canadá. Éramos miembros de una sinagoga, yo iba a la escuela hebrea tres veces por semana, nuestra cocina era kosher y celebrábamos todas las fiestas. El Hospital General Judío estaba a unas manzanas, al igual que la nueva Asociación Hebrea de Hombres Jóvenes (YMHA, por las siglas en inglés de *Young Men's Hebrew Association*).

Modernos, enérgicos, optimistas sobre nuestras vidas y nuestro futuro canadiense, estábamos ansiosos por dejar atrás las tragedias

[17] Bialystok, *Delayed Impact*, pp. 63-67, y Goldberg, «The War Orphans Project», *Holocaust Survivors*, pp. 75-101.

de la Europa judía. Muchos creían que nuestro futuro era Westmount, la comunidad más rica de Canadá. Despreciábamos a nuestros hermanos menos aculturados del lado este del Mount Royal de Montreal. Los llamábamos «pioneros retrasados» o, peor aún, *mockies*, un viejo insulto judío.[18] Creo que esto no era inusual en un país multicultural donde la homogeneidad étnica se estaba convirtiendo con celeridad en pluralismo étnico y en lo que hemos llegado a describir como un mosaico nacional en lugar de un crisol de razas. No tardé mucho en darme cuenta, como estudiante de la Universidad McGill (donde aún no existía un departamento de Estudios Judíos) y como joven adulta, de cómo los ideales de la aculturación podían empobrecer mi identidad, mi experiencia y mi comprensión de la historia.

Maxwell superó las decepciones iniciales de Montreal. En 1950, cuando aún no había cumplido los veintiún años, se casó con Helen Safran y, con una inventiva asombrosa, se convirtió en un hombre de negocios y de familia de éxito. «Abrí una cuenta bancaria», escribe, «y fui feliz, aunque no estaba más cerca de mi sueño de pintar y expresarme a través de mi arte». Al cabo de varios años, retomó las habilidades artísticas de su infancia.

El arte de Maxwell se desarrolló y floreció en Canadá, una progresión de una habilidad que comenzó en la escuela primaria, cuando su profesora elogió el dibujo de un libro realizado por un alumno de primer grado. La guerra interrumpió su desarrollo. Pero quizá la destreza del niño con las manos, su ojo para las formas y las estructuras y su dominio de los materiales no solo indicaban un talento precoz, sino que también alimentaban una capacidad, incluso una confianza, para comprender los espacios y las estructuras de su entorno cambiante y así lograr sobrevivir. Construyó escondites en el cuarto de su familia y excavó y «amuebló» cuevas en el bosque. Y, lo que es más

18 En ocasiones, los judíos más adaptados utilizaban el término para etiquetar a —y burlarse de— los inmigrantes más recientes o anticuados.

importante, encontró consuelo —consuelo visual— mirando el cielo nocturno, como si el cosmos fuera un reino constante de promesas, más allá del bien y del mal, que tal vez incluso le devolviera la mirada.

El detonante que le devolvió a Maxwell su sueño infantil de ser artista fue un hallazgo en un almacén de chatarra. Rebuscando en una casa de empeños de Craig Street, le atrajo —y compró— un cuadro de un paisaje. Estos objetos suelen venderse por sus marcos, no por su arte. Y lo cierto es que el cuadro de la casa de empeños no era una obra de arte perdida. Pero el cuadro despertó en Maxwell el deseo de recuperar su talento juvenil. Revivió una ambición casi olvidada y se fijó otra meta: hacer arte.

El proyecto incluía estudios en el Centro Saidye Bronfman para las Artes de Montreal. Durante cuarenta años, de 1967 a 2007, «el Saidye» ofreció clases de diversos medios visuales —pintura y escultura, así como fotografía, joyería y diseño— impartidas por un variado grupo de profesionales y especialistas del arte. Aunque no era la única escuela de arte en la ciudad, el centro ofrecía a estudiantes de todas las edades un entorno de aprendizaje multicultural único.[19]

Los recuerdos de la vida en la clandestinidad conforman el arte de Maxwell tanto en contenido como en estilo. Para subrayar su soledad, las imágenes no muestran figuras. Ya sean realistas o abstractas, las imágenes están despobladas; al igual que el artista, el espectador está solo. Un grupo de dibujos sin fecha describen la casa y los alrededores de la granja de Jasko y Kasia Rudnicki. Una imagen se centra en un granero y una noria al otro lado de un arroyo; otras pintorescas casitas se alzan a lo largo de la ladera de la colina (p. 62). El espectador puede contemplar el paisaje, pero el agua nos separa de la rústica escena. Otros dibujos se acercan a una granja, pero de nuevo se niega el acceso completo. La cabaña

---

[19] El programa de artes visuales del Centro Saidye Bronfman cerró en 2007. Pueden encontrarse algunas explicaciones sobre el cierre aquí: http://www.CBC.ca/news/entertain-ment/new-focus-on-performance-means-closure-of-saidye-bronfman-gallery- art-school-1.571075.

y el granero aparecen como estructuras cerradas y enrejadas; un diseño más muestra la casa con tejado de troncos enclavada en el bosque invernal, pero una carretera que cruza el primer plano actúa a la vez como marco y barrera, convirtiendo una visión acogedora en un refugio inaccesible.

En contraste, el escondite de Oziac en el bosque parece acogedor. *Boceto del búnker* (p. 83) es una vista interior, desde una perspectiva del espacio más recóndito, como si el espectador compartiera el refugio, sobrio pero agradable. La luz entra a raudales por una pequeña puerta arqueada, y una diminuta pila de leña está colocada a lo largo de una pared frente a un modesto cubo tapado. Unos troncos verticales sostienen un techo de listones de madera del que cuelga la vieja olla de Kasia, cuyos agujeros le permitían funcionar como improvisado calefactor de carbón. Como objeto destacado del diseño, la vasija cuelga en paralelo a la entrada de abajo. La escena es más bien hospitalaria: recordada y dibujada como un recinto seguro frente al peligro o la muerte, y un irónico contraste con la visión de la inaccesible granja.

El aprendizaje de su oficio también llevó a Maxwell al Museo de Bellas Artes de Montreal, donde, en repetidas visitas, encontró inspiración y compañía artística en las obras de Jean-Paul Riopelle (1923-2002) y Paul-Émile Borduas (1905-1960), los principales expresionistas abstractos de Quebec. El giro hacia la abstracción no era precisamente nuevo. El París de las décadas de 1910 y 1920 atrajo a artistas como el español Juan Gris (1887-1927), el holandés Piet Mondrian (1872-1944) y otros, cuyos lienzos se basaban en formas gestuales o geométricas, con imágenes poco o nada reconocibles. Es cierto que en estos diseños se adivinan formas y figuras, así como una sensación de atmósfera, pero su impacto depende más que nada del color, la forma y la fuerza de su diseño general. En un mundo moderno que parecía demasiado turbulento o incierto para una representación realista, las energías transmitidas por la pintura y el gesto expresaban un nuevo estado de ánimo existencial. En *Gravity* (1956, MMFA, por las siglas en inglés de *Montreal Museum of Fine Arts*),[20] de Riopelle, por ejemplo, las losas de ladrillo rojo caen y se amontonan en el primer plano, pero también se elevan a través de la matriz gris azulada y blanca y se abren paso hasta el borde superior del cuadro y más allá. Y en *The flowering crannies* (1953, MMFA), de Borduas, un grupo flotante de color está puntuado por placas blancas, esparcidas como flores en un entorno verde y marrón. Las láminas de pintura en el centro de los grandes lienzos de Riopelle y Borduas evocan a la vez paisajes y configuraciones cósmicas que flotan en el espacio y en la mente.

Al recordar el consuelo del joven Oziac en el cielo nocturno, podemos entender la atracción de Maxwell por las imágenes abstractas de Riopelle y Borduas. Maxwell establece una distinción: «Mi propio estilo», escribe, «es mucho más pesado, dramático y explosivo». De hecho, la imagen principal del arte de Maxwell es por completo opuesta a los dibujos de su refugio campestre. Pintado más que dibujado, el cosmos, que es algo más que el cielo, se convirtió en su tema recurrente y continuó su diálogo juvenil y solitario con Dios.

Pequeños o grandes, sus cuadros parecen segmentos de un universo inconmensurable o de un vasto espacio terrenal. Lo que determina su energía —y cada uno de sus cuadros palpita— son los trazos o manchas de color. Maxwell pinta con espátula, no con pincel. Cada marca forma con claridad parte de un patrón, pero no hay contornos ni bordes firmes. El color y la dirección cambiante de las pinceladas evocan un entorno o una atmósfera. Pero a diferencia de los pintores que admiraba, cuyos diseños están siempre centrados y suspendidos en el espacio, las imágenes abstractas de Maxwell están llenas de energía direccional.

A pesar de su título tranquilizador, *Dreaming* (1973) afirma la descripción que el propio artista hace de su estilo «explosivo».

---

[20] Véase el trabajo en https://theartstack.com/artist/jean-paul-riopelle/artwork-1923-2002-1956-gravi.

Grupos de líneas blancas irrumpen en una turbulenta matriz de azul, verde y rojo acre. Y aunque el «acontecimiento» o la presencia del blanco destaca sobre los tonos más oscuros, todo el lienzo —figuras y fondo— estalla y salta con energía. *Composition in green* (1975) [número 198] es un ejemplo más lírico. El lienzo horizontal de 1.20 por 2 metros sugiere una panorámica, o parte de ella, que se extiende infinitamente más allá del marco. O tal vez nos asomamos a una profundidad insondable. Delgadas diagonales de pinceladas blancas sopladas hacia la izquierda o marchando hacia la derecha se mueven en procesión por el campo de pintura. Como siempre, evocan algún lugar de la naturaleza y, en esta obra, la regularidad y la calma. Las imágenes están cargadas de energía. A diferencia de las formas centradas de Borduas o Riopelle, estas son expansivas, sin un origen fijo o punto terminal. Infinitamente variable, este estilo ha perdurado a lo largo de las décadas desde que Maxwell comenzó a pintar.

Ha habido reveses y tragedias. Helen murió en 1984 y, quizá por primera vez en su vida, Maxwell pudo llorar de verdad. Luchó contra una depresión debilitante, y su pasado volvió a él. Describe sus terrores con elocuencia:

> Empecé a tener pesadillas en las que me escondía en el bosque, sin nadie que cuidara de mí… Me sentía de nuevo solo en el bosque, escondiéndome de los asesinos, y recordaba a mi familia ausente y añorada… Parecía que la muerte me había seguido hasta Canadá.

En 1994, Maxwell se casó con Tina Russo, quien de niña emigró desde Italia y se instaló en Montreal. Tina tiene una fe ilimitada en la práctica artística de su marido y un gran sentido empresarial, y ahora dirige su empresa inmobiliaria. Maxwell pinta. Su obra está en exposición permanente, bajo la curaduría de Tina, en su Galerie d'Art Maxwell.

En los últimos años, una tranquila domesticidad ha entrado en el repertorio visual de Maxwell. Inspirado por el jardín de Tina, Maxwell ha encontrado nuevos temas para pintar: flores en un jarrón, rosas, tulipanes y crisantemos, se sitúan en el centro de un marco vertical, llamando al espectador, saludándonos e invitándonos a su espacio (véase, por ejemplo, *Joie de Vivre n.º 3* [2004]. Al principio parece un cambio sorprendente: estos ramos amistosos parecen el polo opuesto de la energía celestial y la turbulencia de los cuadros abstractos. Sin embargo, forman una pareja adecuada, aunque inesperada. Las abstracciones trazan los estados de ánimo, las dudas y los retos de la experiencia; evocan las fuerzas del terror interior y la dicha celestial. Las naturalezas muertas son símbolos de los placeres más tranquilos de la vida natural, de la interacción social y la intimidad doméstica. Cósmicos y hogareños en sus temas y efectos, estos dos géneros distintos de creación de imágenes transmiten los extremos de la experiencia humana. Reconocemos su fuerza y su invitación a reflexionar sobre la experiencia de Maxwell Smart y sobre nuestra historia judía canadiense.

CAROL ZEMEL,
Profesora Emérita de Historia del Arte
y Cultura Visual Universidad
de York. 2018

GLOSARIO

Este glosario ha sido investigado, escrito y producido por el Programa de Memorias de Supervivientes del Holocausto de la Fundación Azrieli. Para más información sobre su innovador programa educativo y las memorias de supervivientes del Holocausto, visite https://memoirs.azrielifoundation.org/.

Administración de las Naciones Unidas para el Auxilio y la Rehabilitación (UNRRA, por las siglas en inglés de *United Nations Relief and Rehabilitation Administration*) Organismo internacional de socorro creado en una conferencia de 44 países celebrada en Washington, D. C., el 9 de noviembre de 1943, con el fin de proporcionar ayuda económica y artículos de primera necesidad a los refugiados de guerra. Se dedicó de forma especial a repatriar y ayudar a los refugiados de los países europeos ocupados por los nazis inmediatamente después de la Segunda Guerra Mundial.

Antisemitismo Prejuicios, discriminación, persecución u odio contra el pueblo, las instituciones, la cultura y los símbolos judíos.

Bandera, Stepán (1909-1959) Nacionalista ucraniano y líder de varios grupos nacionalistas, incluida una facción radical dentro de la Organización de Nacionalistas Ucranianos (OUN, por las siglas en ucraniano de *Organizátsiya Ukrayínskyj*

Natsionalístiv), la OUN-b. Bandera veía a los nazis como aliados y pedía una «Revolución Nacional Ucraniana» que limpiara Ucrania de sus enemigos étnicos: polacos, soviéticos y judíos. Sus seguidores, conocidos como banderistas (*Banderowcy*), fueron responsables de la masacre de decenas de miles de judíos y polacos durante la Segunda Guerra Mundial. Después de que Bandera declarara un estado ucraniano independiente en 1941, los nazis lo pusieron bajo arresto domiciliario y luego lo deportaron al campo de concentración de Sachsenhausen. Tras la guerra, Bandera siguió liderando la OUN-b hasta que fue asesinado por el KGB en 1959. En los últimos años, Bandera ha ganado popularidad entre los nacionalistas ucranianos como símbolo de libertad e independencia. Véase también *Banderowcy.*

Banderowcy (ucraniano; también *Banderites*) Banderistas. Término informal para referirse a las guerrillas nacionalistas ucranianas dirigidas por Stepán Bandera bajo los auspicios de la Organización de Nacionalistas Ucranianos (OUN) y su ala militar, el Ukrainska Povstanska Armiya (UPA). Muchos de sus miembros eran antisemitas y protagonizaron violencias y pogromos antisemitas durante y después de la guerra. Desde mediados de la década de 1980, el nacionalismo de derechas ucraniano ha experimentado un periodo de renovación en diversas formas, como el partido político Congreso de Nacionalistas Ucranianos; la Asamblea Nacional Ucraniana y el Partido Social-Nacional de Ucrania (la Svoboda). Véase también *Bandera, Stepán; Ukrainska Povstanska Armiya* (UPA).

Bar mitzvah (hebreo; literalmente, «aquel a quien se aplican los mandamientos») Edad de trece años en la que, según la tradición judía, los chicos se hacen religiosa y moralmente responsables de sus actos y se consideran adultos a efectos del ritual de la sinagoga. El bar mitzvah es también la ceremonia dentro de la sinagoga y la celebración familiar que marca la consecución de este estatus, durante la cual el niño es llamado a leer una parte de la Torá y a recitar las plegarias prescritas en un foro público de oración.

Borduas, Paul-Émile (1905-1960) Famoso artista quebequense que fundó el movimiento artístico *Automatiste* en la década de 1940 y dirigió la publicación de un manifiesto titulado *Refus global* en 1948. Tanto el movimiento como el manifiesto se dedicaban a expandir la cultura quebequense más allá de las influencias de los valores del pasado. Con el tiempo, Borduas se sintió atraído por el expresionismo abstracto y un estilo pictórico texturizado. Véase también *Expresionismo abstracto*; *Riopelle, Jean-Paul*.

Brigada Judía Batallón que se formó en septiembre de 1944 bajo el mando del Octavo Ejército británico. La Brigada Judía contaba con más de cinco mil voluntarios de Palestina. Después de la guerra, la Brigada fue esencial para ayudar a los refugiados judíos y organizar su entrada en Palestina. Fue disuelta por los británicos en 1946.

Campos de personas desplazadas (CD) Instalaciones creadas por las autoridades aliadas y la Administración de las Naciones Unidas para el Auxilio y la Rehabilitación (UNRRA) en octubre de 1945 para resolver la crisis de refugiados que surgió al final de la Segunda Guerra Mundial. Los campos proporcionaban refugio y asistencia a los millones de personas —no solo judíos— que habían sido desplazadas de sus países de origen como consecuencia de la guerra, y los ayudó a prepararse para el reasentamiento. Aproximadamente treinta mil desplazados judíos entraron en Italia entre septiembre de 1946 y junio de 1948. Italia, que llegó a crear unos veinticinco campos de desplazados para alojar a los refugiados, era el principal punto de tránsito para que los judíos llegaran a la Palestina del Mandato Británico. Véase también *Administración de las Naciones Unidas para el Auxilio y la Rehabilitación* (UNRRA).

Círculo de Obreros (*Der Arbeter Ring*) Organización fundada en Nueva York en 1892, estrechamente vinculada al movimiento obrero socialista y a la cultura laica yiddish. En 1907 se abrió en Montreal una sucursal del Círculo de obreros (*Workmen's Circle*), que ofrecía a sus casi mil miembros diversas oportunidades educativas y sociales, así como prestaciones sanitarias. La organización sigue existiendo en Montreal.

Congreso Judío Canadiense (CJC) Organización de defensa y grupo de presión de la comunidad judía canadiense de 1919 a 2011. En 1947, el CJC convenció al gobierno canadiense para que volviera a promulgar la Orden 1647 del Consejo Privado (adoptada originalmente en 1942 para admitir a quinientos niños judíos refugiados de la Francia de Vichy, aunque nunca lograron salir) que permitía la admisión en Canadá de mil niños judíos menores de dieciocho años. Bajo los auspicios del CJC, que se encargaría del cuidado de los refugiados, en abril de 1947 se creó el Proyecto Huérfanos de Guerra y el CJC comenzó a buscar huérfanos de guerra judíos con la ayuda de la Administración de Socorro y Rehabilitación de las Naciones Unidas (UNRRA). Entre 1947 y 1949, llegaron a Canadá mil ciento veintitrés jóvenes refugiados judíos. El CJC fue reestructurado en 2007 y sus funciones fueron absorbidas por el Centro para Israel y Asuntos Judíos (CIJA, por las siglas en inglés de *Centre for Israel and Jewish Affairs*) en 2011. Véase también *Administración de Socorro* y *Rehabilitación de las Naciones Unidas* (UNRRA).

Cosacos Véase *Chmielnicki, Bohdan.*

Chalutzim (hebreo; «pioneros») Término utilizado dentro de los movimientos juveniles sionistas fuera de Palestina para referirse a sus miembros que esperaban emigrar allí.

Cheder (hebreo; literalmente, «sala») Escuela elemental judía ortodoxa que enseña los fundamentos de la observancia religiosa judía y el estudio de los textos, así como la lengua hebrea.

Chipre Nación insular del Mediterráneo y antigua colonia británica que obtuvo la independencia de Gran Bretaña en 1960. En la década de 1940, Chipre albergó campos de detención británicos para refugiados judíos europeos que intentaban emigrar ilegalmente a la Palestina del Mandato Británico. Más de cincuenta mil refugiados judíos fueron internados en estos campos. Véase también *Mandato Británico de Palestina*.

Chmielnicki, Bohdan (1595-1657; en ucraniano, *Khmelnytsky*) Líder de los cosacos, miembros de diversos grupos étnicos del sur de Rusia, Ucrania y Siberia, que lanzaron una serie de campañas militares para liberar a Ucrania de la dominación polaca y establecer su propio dominio en la región. Los cosacos instigaron un brutal levantamiento contra los judíos diciendo a la gente que los polacos los habían vendido a los judíos como esclavos. Los cosacos respondieron masacrando a decenas de miles de judíos durante 1648-1649 en lo que se conoció como la Masacre de Chmielnicki. Los historiadores estiman la cifra de muertos en unos cien mil, con la destrucción adicional de casi trescientas comunidades judías.

Duplessis, Maurice (1890-1959) Político conservador canadiense que formó un nuevo partido nacionalista llamado Union Nationale, y fue primer ministro de Quebec durante cinco mandatos, de 1936 a 1939 y de 1944 a 1959.

Estrella de David (en hebreo, *Magen David*) Estrella de seis puntas que es el símbolo más antiguo y reconocible del judaísmo. Durante la Segunda Guerra Mundial, a los judíos de las zonas ocupadas por los nazis se les obligaba a llevar una insignia o brazalete con la estrella de David como símbolo de su condición inferior y para señalarlos como objetivo de la persecución.

Expresionismo abstracto Movimiento artístico posterior a la Segunda Guerra Mundial que enfatizaba un enfoque emocionalmente expresivo, abstracto e intuitivo de la creación artística. Entre los expresionistas abstractos más destacados se encuentran Jackson Pollock, Mark Rothko y Willem de Kooning.

HaMotzi (hebreo, «que da a luz») Comienzo de la bendición que se recita sobre el pan antes de la comida.

Hayes, Saul (1906-1980) Abogado canadiense y destacado defensor de la comunidad judía canadiense. Hayes presionó al gobierno canadiense para que suavizara las restricciones a la inmigración durante y después de la Segunda Guerra Mundial. Fue director ejecutivo de la *United Jewish Relief Agencies of Canada* (UJRA), de 1938 a 1942, y director ejecutivo del *Canadian Jewish Congress* (CJC) de 1940 a 1959. Entre otros honores, Hayes fue nombrado oficial de la Orden de Canadá en 1974 y siguió colaborando con el CJC hasta su muerte. Véase también *Congreso Judío Canadiense.*

Himmler, Heinrich (1900-1945) Máximo dirigente del Partido Nazi. Himmler supervisó las SS y la Gestapo y, como administrador del Tercer Reich, fue directamente responsable de la aplicación de la «Solución Final», el asesinato en masa de la población judía europea. Himmler estableció el sistema de campos de concentración nazis en los que millones de judíos, gitanos y otras personas consideradas «indeseables», según las políticas raciales nazis, fueron asesinadas o mantenidas prisioneras en condiciones brutales. Himmler se suicidó el 23 de mayo de 1945.

Judaísmo ortodoxo Conjunto de creencias y prácticas de los judíos para quienes la observancia de la ley judía está estrechamente vinculada a la fe; se caracteriza por la estricta observancia religiosa de las leyes dietéticas judías, las restricciones al trabajo en sábado y días festivos, y un código de modestia en el vestir.

Judenrat (alemán; pl. *Judenräte*) Consejo judío. Grupo de líderes judíos nombrados por los alemanes para administrar y prestar servicios a la población judía local bajo ocupación y cumplir las órdenes nazis. Los *Judenräte*, que aparentaban ser entidades autónomas, pero que en realidad estaban bajo completo control nazi, se enfrentaban a decisiones morales difíciles y complejas en condiciones brutales, y siguen siendo un tema polémico. Los presidentes tenían que decidir si acataban o se negaban a acatar las órdenes nazis. Algunos fueron asesinados por los nazis por negarse, mientras que otros se suicidaron. Los funcionarios judíos que abogaban por el acatamiento pensaban que la cooperación podría salvar al menos a parte de la población. Algunos que denunciaron los esfuerzos de resistencia lo hicieron porque creían que la resistencia armada traería la muerte a toda la comunidad.

Jupá (hebreo; literalmente, «cubierta») Dosel utilizado en las bodas judías tradicionales que suele estar hecho de una tela (a veces un manto de oración) tensada o apoyada sobre cuatro postes. Simboliza el hogar que la pareja construirá junta.

Justos entre las Naciones Título concedido por Yad Vashem, la Autoridad para el Recuerdo de los Mártires y Héroes del Holocausto en Jerusalén, para honrar a los no judíos que arriesgaron sus vidas para ayudar a salvar judíos durante el Holocausto. En 1963 se creó una comisión para conceder el título. Si una persona cumple ciertos criterios y la historia se corrobora cuidadosamente, el homenajeado recibe una medalla y un certificado y es conmemorado en el Muro de Honor del Jardín de los Justos de Jerusalén.

Kandinsky, Wassily (1866-1944) Artista de origen ruso conocido por su temprana adopción del estilo abstracto de pintura, un estilo que él creía que podía expresar las emociones del creador y las ideas espirituales universales.

Mandato Británico de Palestina Zona de Oriente Próximo bajo dominio británico de 1923 a 1948, establecida por la Sociedad de Naciones tras la Primera Guerra Mundial. La zona del Mandato abarcaba el actual Israel, Jordania, Cisjordania y la Franja de Gaza.

Mercado negro Sistema económico ilegal y a menudo informal. Tras la guerra, muchas personas se arriesgaron a participar en el mercado negro clandestino para obtener bienes y servicios ordinarios, o a realizar trueques o intercambios informales dentro de él.

Pacto Ribbentrop-Mólotov (también conocido como Tratado de No Agresión entre Alemania y la URSS) Tratado firmado el 24 de agosto de 1939, conocido coloquialmente como Pacto Ribbentrop-Mólotov, en honor a los signatarios, el ministro de Asuntos Exteriores soviético, Viacheslav Mólotov, y el ministro de Asuntos Exteriores alemán, Joachim von Ribbentrop. Las principales disposiciones del pacto estipulaban que los dos países no entrarían en guerra entre sí y que ambos permanecerían neutrales si alguno de ellos era atacado por un tercero. Uno de los elementos clave del tratado era la división de varios países independientes —entre ellos Polonia— en esferas de influencia y zonas de ocupación nazi y soviética. Los nazis incumplieron el pacto al lanzar una gran ofensiva contra la Unión Soviética el 22 de junio de 1941.

Pogromo de Kielce Los disturbios de julio de 1946 en una ciudad de Polonia en la que vivían unos doscientos cincuenta judíos después de la guerra (la población judía antes de la guerra había sido de más de veinte mil). Tras la falsa noticia de que un joven polaco había sido secuestrado por judíos, la policía detuvo y golpeó a los residentes judíos de la ciudad, incitando a una turba de cientos de civiles polacos a atacar violentamente y matar a cuarenta judíos mientras la policía permanecía a la espera. Combinado con otros incidentes antisemitas de posguerra en toda Polonia (se produjeron otros pogromos en Rzeszów, Cracovia, Tarnów y Sosnowiec, y los robos y el chantaje eran habituales), este fue el catalizador de un éxodo masivo; entre julio de 1945 y septiembre de 1946, más de ochenta mil judíos abandonaron Polonia.

Pascua judía La Pascua judía, una de las principales fiestas del calendario judío, se celebra durante ocho días en primavera. Una de las principales observancias de la fiesta es contar la historia del Éxodo, la huida de los judíos de la esclavitud en Egipto, en una comida ritual llamada *seder*. El propio nombre hace referencia al hecho de que Dios «pasó por encima» de las casas de los judíos cuando se dispuso a matar a los primogénitos de Egipto como última de las diez plagas destinadas a convencer al Faraón de que liberara a los judíos.

Petliura, Simón (1879-1926) Periodista y político que abogó por una Ucrania independiente. Luchó contra los bolcheviques y los rusos blancos en Ucrania y, tras la Primera Guerra Mundial, dirigió brevemente el gobierno ucraniano hasta que el país quedó bajo control soviético. En 1924, Petliura se instaló en París, donde, dos años más tarde, fue asesinado por un anarquista judío, exacerbando el antisemitismo nacionalista ucraniano. Su legado es controvertido debido a los pogromos del ejército ucraniano contra los judíos durante su mandato, en el que se calcula que murieron entre treinta y cinco mil y cincuenta mil judíos.

Pogromo (del ruso *pogrom*; «causar estragos, demoler») Ataque violento contra un grupo étnico distinto. El término se refiere más comúnmente a los ataques de los siglos XIX y XX contra los judíos en el Imperio ruso. Véase también *Pogromo de Kielce*.

Policía auxiliar ucraniana (en alemán, *Ukrainische Hilfspolizei*) Fuerza formada a raíz de la ocupación alemana del este de Polonia y Ucrania en junio de 1941. La policía auxiliar ucraniana colaboró de forma activa con los nazis en la ejecución de sus planes de persecución y asesinato masivo de judíos. Escoltaban a los judíos a los lugares de trabajos forzados, vigilaban los guetos y participaban en operaciones de fusilamiento en masa.

Pollock, Jackson (1912-1956) Famoso artista expresionista abstracto estadounidense conocido sobre todo por sus pinturas de goteo, un nuevo y original estilo de trabajo que creó en la década de 1940. Véase también *Expresionismo abstracto*.

Ringelblum, Emanuel (1900-1944) Historiador, educador, cooperante y escritor conocido sobre todo por su diligencia y liderazgo en el archivo de testimonios y otras pruebas materiales del gueto de Varsovia. La organización de Ringelblum y su archivo, llamado *Oneg Shabbat*, documentaron clandestinamente los continuos conflictos, la vida cotidiana y la persecución en el gueto de Varsovia. Los miembros de Oneg Shabbat enterraron la colección de materiales en una serie de grandes jarras de leche y contenedores metálicos, dos de los cuales fueron descubiertos después de la guerra. Las más de veinticinco mil páginas se conservan en el Instituto Histórico Judío de Varsovia.

Riopelle, Jean-Paul (1923-2002) Pintor y escultor quebequense de fama internacional, estrechamente vinculado al movimiento *Automatiste*. Riopelle, alumno de Paul-Émile Borduas, fue también uno de los principales colaboradores del manifiesto mundial Refus. Su extensa obra, representada en museos de todo el mundo, se ha descrito como espontánea y estratificada, y ha sido alabada por su uso del color y sus originales técnicas. Véase también *Borduas, Paul-Émile*.

Shabat (en hebreo, *Shabat*; en yiddish, *Shabbes, Shabbos*) Día de descanso semanal que comienza el viernes al atardecer y termina el sábado al anochecer, y que se inicia con el encendido de las velas el viernes por la noche y la recitación de las bendiciones sobre el vino y la challá o jalá (pan de huevo). Es un día de celebración y oración en el que se acostumbra hacer tres comidas festivas, asistir a los servicios de la sinagoga y abstenerse de trabajar o viajar.

Sich Milicia nacionalista ucraniana que operó en Búchach (Polonia) a principios de julio de 1941, tras la invasión alemana de la Unión Soviética. El Sich, que debe su nombre a una legión de fusileros de la Primera Guerra Mundial, detuvo y mató a soldados soviéticos en retirada, así como a varios judíos locales. El Sich operó durante varias semanas antes de que los alemanes controlaran la región, buscando judíos para someterlos a trabajos forzados y perpetrando diversos actos de violencia contra judíos y polacos. Después de que los alemanes ocuparan Búchach, muchos miembros de la Sich se convirtieron en policías locales y, aliados con los nazis, siguieron persiguiendo a los judíos. Véase también *Ukrainska Povstanska Armiya* (UPA).

tallit (yiddish; en hebreo, *tallit*) Chal de oración. Prenda ritual de cuatro esquinas que tradicionalmente llevan los hombres judíos adultos durante las oraciones matutinas y en el Día de la Expiación (Yom Kippur). Normalmente se lleva sobre los hombros, pero algunos optan por colocarlo sobre la cabeza para expresar temor ante la presencia de Dios.

Torá (hebreo) Los Cinco Libros de Moisés (los cinco primeros libros de la Biblia), también llamados Pentateuco. La Torá es el núcleo de las escrituras judías y se cree que fue entregada a Moisés en el monte Sinaí. En el cristianismo se denomina «Antiguo Testamento».

Ukrainska Povstanska Armiya (UPA) Ejército insurgente ucraniano vinculado a la Organización de Nacionalistas Ucranianos (OUN). Dirigido por la ideología nacionalista de crear una Ucrania independiente, el UPA —antisoviético y antipolaco, con elementos antisemitas también— atacó a varios civiles y soldados entre 1942 y 1945, matando a decenas de miles de judíos y polacos. El UPA se disolvió formalmente en 1949, pero siguió teniendo una presencia localizada hasta 1956. Véase también *Banderowcy*.

Zonas aliadas de Alemania y Austria Las cuatro zonas en que se dividieron Alemania y Austria tras su derrota en la Segunda Guerra Mundial, cada una de ellas administrada por una de las cuatro grandes potencias aliadas: Estados Unidos, Gran Bretaña, Francia y la Unión Soviética. Estas zonas administrativas existieron en Alemania entre 1945 y 1949, y en Austria entre 1945 y 1955. En Austria, Viena estaba dividida en los cuatro sectores y contaba también con un Sector Internacional. Austria recuperó su independencia en 1955.

Zona de ocupación estadounidense de Austria Una de las cuatro zonas de Austria creadas entre 1945 y 1955 por las fuerzas de ocupación aliadas. Geográficamente situada en Alta Austria (Oberösterreich), la zona estadounidense incluía las ciudades de Linz y Salzburgo. Estados Unidos ejercía un control administrativo, militar y político total en la zona americana.

Fotografías

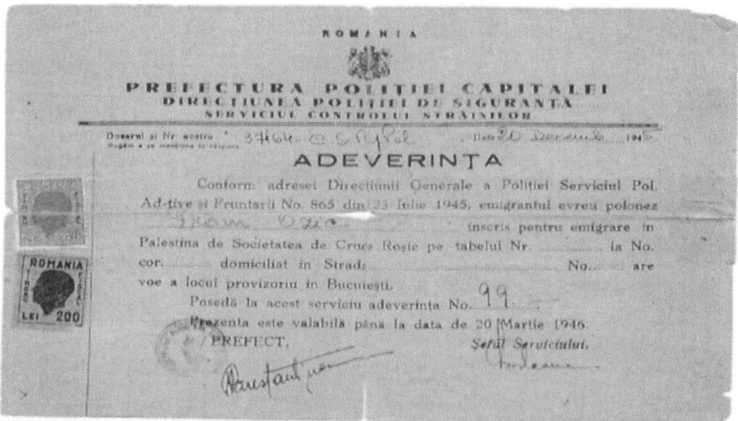

ROMANIA

PREFECTURA POLIȚIEI CAPITALEI
DIRECȚIUNEA POLIȚIEI DE SIGURANȚĂ
SERVICIUL CONTROLUL STRĂINILOR

Dosarul și Nr. nostru 37464 ... Data 20 Decembrie 1945

ADEVERINȚA

Conform adresei Direcțiunii Generale a Poliției Serviciul Pol. Ad-tive și Fruntarii No. 865 din 23 Iulie 1945, emigrantul evreu polonez From Ozic ... inscris pentru emigrare in Palestina de Societatea de Cruce Roșie pe tabelul Nr. .... la No. cor. .... domiciliat in Strada .... No. .... are voe a locui provizoriu in Bucuresti.

Posedă la acest serviciu adeverința No. 99

Prezenta este valabilă până la data de 20 Martie 1946.

PREFECT, Șeful Serviciului,

ROMANIA LEI 200

Único documento que posee Maxwell en el que figura su nombre de nacimiento, Oziac Fromm (Ozic From). Este certificado fue emitido bajo la dirección de la policía de seguridad como parte del servicio de control de extranjeros de Bucarest, Rumanía. Identifica a Maxwell (entonces Oziac) como inmigrante polaco judío e indica que está inscrito para la inmigración a Palestina por la Sociedad de la Cruz Roja y se le permite residir temporalmente en Bucarest. Emitido el 20 de diciembre de 1945. Bucarest, Rumania.

Maxwell (arriba a la izquierda) en el tren de Italia a Bremen, Alemania, desde donde embarcó hacia Canadá. 1948.

La primera foto de Maxwell tomada en Canadá. Montreal, Quebec, 18 de abril de 1949.

El día de la boda de Maxwell y Helen. De izquierda a derecha: el padre de Helen, Srewl (Issie) Safran; Helen; Maxwell; la madre de Helen, Masha Safran; y la hermana de Helen, Rhoda. Montreal, diciembre de 1950.

Maxwell y Helen con su hija Faigie (Faith). Montreal, 1958.

Faigie y Lorne, hijos de Maxwell y Helen. Montreal, 1960.

Primera reunión de Maxwell con su tía Erna y su tío Jacob después de la guerra. De izquierda a derecha: Maxwell; su hija, Faith; la tía Erna (de soltera, Kissel) Klanfer; el hijo de Maxwell, Lorne; y su tío, Jacob Klanfer. Tel Aviv, Israel, hacia 1964.

Tía Erna y tío Jacob. Tel Aviv, Israel, años sesenta.

Maxwell rezando en el Muro de las Lamentaciones. Jerusalén, Israel, 1964.

Las lápidas de la tía Erna y el tío Jacob de Maxwell. En la lápida de la izquierda se lee: Orna [Erna] Klanfer. Hija de Rachel y Moshe. Fallecida el 11 de julio de 1988. A la derecha: Yaakov [Jacob] Klanfer. Hijo de Shalom Z«L. Fallecido el 18 de diciembre de 1976. Situado en las afueras de Tel Aviv, Israel, este es el único lugar donde Maxwell sabe que tiene familia. Foto tomada en 2007.

Maxwell y Helen Safran Smart. Montreal, Quebec, hacia 1980.

Helen junto al candelabro de plata de ley que la tía Erna le regaló a Maxwell. El candelabro perteneció a la madre de Maxwell (un regalo que le hizo el abuelo de Maxwell el día de su boda), y es la única conexión que le queda a Maxwell con su hogar en Búchach, Polonia. Montreal, fecha desconocida.

Maxwell delante de su cuadro *Autumn Rain #1* (óleo sobre lienzo, 120 × 90 cm., 1984). Montreal, hacia 1985.

Maxwell y Tina el día de su boda. Montreal, septiembre de 1994.

La hija de Maxwell, Faith, con su hija Tara, de dos años, y el hijo de Maxwell, Anthony, de siete, en el estudio de Maxwell. Montreal, década de 1990.

Los suegros de Maxwell, los Safran, con dos de sus nietos en Pascua. De izquierda a derecha: Masha, Brandon, Tara e Issie. Montreal, 1997.

Eddie Stern, amigo y socio de Maxwell, con su mujer, Shirley. Montreal, fecha desconocida.

Maxwell y Tina (delante) con los hermanos y cuñadas de Tina. Detrás, de izquierda a derecha: Angelo y Nina Russo, y Mary y Tony Russo. Montreal, hacia 1990.

Maxwell (centro) con sus dos buenos amigos y compañeros supervivientes del Holocausto: Thomas O. Hecht (izquierda) y David Azrieli (derecha). Tanto Thomas como David escribieron sus memorias —publicadas, respectivamente, como *Czech Mate* (2007) y *One Step Ahead* (2001)— y animaron a Maxwell a escribir su historia. Montreal, hacia 2010.

Arriba y abajo. Maxwell trabajando en su estudio. Montreal, *circa* 2000.

Vista de la obra de Maxwell en su Galerie d'Art Maxwell. Montreal, 2018.

Heaven and Music #1, óleo sobre lienzo, 45 × 60 cm., 1963.

Familia en la inauguración de la Galerie d'Art Maxwell. De izquierda a derecha (fila de atrás): Sharon, nuera de Maxwell; su hijo Lorne; su hijo Anthony; Maxwell; Tina; Ian, yerno de Maxwell; y su hija Faith. Delante, los nietos de Maxwell, Brandon (izquierda) y Adam (derecha). Montreal, 27 de septiembre de 2006.

La familia inmediata de la hija de Maxwell, Faith. En el sentido de las agujas del reloj, de izquierda a derecha: la nieta de Maxwell, Tara; su yerno, Ian; su nieto Jay; y su hija, Faith. Montreal, fecha desconocida.

Tina y su hijo, Anthony. Montreal, 2008.

Maxwell junto a la familia de Janek en Israel. La tía de Janek, Jehudith Shifris, también superviviente del Holocausto, sentada junto a su marido, Shimon. De pie, de izquierda a derecha, Maxwell con los primos de Janek, Miri Gershoni y su hermano Pinchus Shifris.

Maxwell se reunió con Tova Barkai, a quien él y Janek salvaron durante la Segunda Guerra Mundial cuando ella tenía dos años. De izquierda a derecha: Ofer Barkai, hijo de Tova; Maxwell, Tova Barkai, Maia y Lital, nietas de Tova; y Miri, mujer de Ofer.

Canada
Yad Vashem

The Government of Canada
is honoured to present this certificate of recognition to

Max Smart

a Holocaust Survivor

on April 23, 2013
to pay tribute to your profound courage, strength, and dignity.

During Canada's chair year of the International Holocaust Remembrance Alliance, the Government of Canada will work with community partners to preserve survivor testimony as an invaluable resource for Holocaust education.

Few can fully understand the unimaginable suffering, cruelty, and loss that you witnessed and endured. Your remarkable story serves as a compelling reminder to all humankind of our obligation to learn from the past.

By sharing your story, you strengthen the Canadian Society for Yad Vashem's mission of ensuring that the universal lessons of the Shoah are never forgotten.

Your passing of the torch of remembrance encourages future generations to be vigilant against all forms of hatred and intolerance and to embrace inclusiveness and pluralism.

Jason Kenney	Mark Adler	Fran Sonshine
MINISTER OF CITIZENSHIP, IMMIGRATION AND MULTICULTURALISM	MEMBER OF PARLIAMENT	NATIONAL CHAIR OF THE CANADIAN SOCIETY FOR YAD VASHEM

Un certificado expedido por Yad Vashem y el gobierno de Canadá en el que se reconocen los logros de Maxwell y sus contribuciones a la sociedad canadiense.

Maxwell delante de su cuadro *Downtown* (óleo sobre lienzo, 210 × 120 cm., 2017).

«Para viajar lejos no hay mejor nave que un libro».

EMILY DICKINSON

Gracias por tu lectura de este libro.

En **penguinlibros.club** encontrarás las mejores recomendaciones de lectura.

Únete a nuestra comunidad y viaja con nosotros.

penguinlibros.club